Jea[n]

LE CINÉMA EN PERSPECTIVE : UNE HISTOIRE

Sous la direction de

Michel Marie

ARMAND COLIN

Dans la même collection

5. Gabriel Bauret, *Approches de la photographie*
44. Martine Joly, *Introduction à l'analyse de l'image*
87. Jacqueline Nacache, *Le Film hollywoodien classique*
89. Jean-Pierre Jeancolas, *Histoire du cinéma français*
103. Laurence Schifano, *Le Cinéma italien de 1945 à nos jours*
148. Dominique Parent-Altier, *Approche du scénario*
175. Max Tessier, *Le Cinéma japonais*
180. Michel Marie, *La Nouvelle Vague. Une école artistique*
193. Hélène Duccini, *La Télévision et ses mises en scène*
225. Bernard Eisenschitz, *Le Cinéma allemand*
271. Marie-Thérèse Journot, *Le Vocabulaire du cinéma*
275. Laurent Creton, *L'Économie du cinéma*
284. Pierre Berthomieu, *Le Cinéma hollywoodien. Le temps du renouveau*
301. René Prédal, *La Critique de cinéma*
306. François Jost, *Comprendre la télévision*

Jean-Louis Leutrat est un spécialiste du cinéma américain et en particulier du domaine du western.

Couverture : photographie tirée du film Sandra, de Luchino Visconti. (D.R.)

Armand Colin est une marque de
Dunod Editeur, 11 rue Paul Bert, 92240 Malakoff
ISBN 978-2-200-35218-9

SOMMAIRE

INTRODUCTION

Notre histoire est noble et tragique
Comme le masque d'un tyran

Guillaume Apollinaire,
« Cors de Chasse », *Alcools.*

Comme toute histoire, celle du cinéma est l'histoire des divisions, des déhiscences, des ruptures qui ont affecté l'art du film, l'ont transformé et l'ont fait ce qu'il est. Une histoire pleine de bruit et de fureur (pas seulement sur les écrans, mais derrière), de polémiques sanglantes, de déchets et de cadavres.

(Pascal Bonitzer, *Le Champ aveugle,* p. 13).

Cette histoire shakespearienne est aussi, cela va de soi, celle des passions, des flamboiements, des noces imprévisibles, des dévouements absolus, jusqu'au sacrifice de soi. Elle est d'abord une litanie de noms que chacun peut composer à sa guise. Elle commence avec Lumière, « le grand maître de la secte », comme dit Philippe Garrel, trouve à s'incarner exemplairement dans la figure d'Orson Welles et se réfléchit aujourd'hui grâce à Jean-Luc Godard, l'ombrageux artisan du lac. Mais il y a aussi Fritz Lang et Serge Mikhailovich Eisenstein, Friedrich Wilhelm Murnau et Jean Renoir, John Ford et Carl Dreyer, Luchino Visconti et Robert Bresson, Kenji Mizoguchi et Buster Keaton, Josef von Sternberg et Jacques Tati, Charles Chaplin et Zhang Yi-Mou, Yasujiro Ozu et Jacques Tourneur, Luis Buñuel et Satyajit Ray, Patrick Bokanowski et Michael Snow, Norman McLaren et Jiri Trnka...

Le cinéma existe depuis un siècle. Depuis un siècle, des spectateurs en nombre plus ou moins élevé payent le droit d'assister à un spectacle qui consiste à regarder des images mouvantes sur un écran. Des individualités multiples, depuis un siècle, consacrent du temps, de l'énergie, du talent, et parfois un peu plus, à « créer » ou à « produire », non pas des objets mais des œuvres qui présentent la particularité de n'exister que grâce à un faisceau de lumière projeté sur une surface plane, et quelques haut-parleurs. Depuis un siècle, innombrables sont les films tournés, et tout aussi innombrables les films disparus, beaucoup à tout jamais. Ce qui pose nécessairement la question : faire quelle histoire ? l'histoire de quoi ? de systèmes de production ? du spectacle lui-même ? de la perception des spectateurs ? des relations des films avec les sociétés ? de l'inscription de l'idéologie dans ces films ? des « pratiques signifiantes » (mais lesquelles ? le montage ? la lumière ? l'écriture de scénario ?, etc.) ? On peut, comme Jean-Claude Biette, imaginer une histoire marginale :

> Cette histoire serait faite principalement de films inachevés : ceux laissés ainsi par Eisenstein, par Welles, *I Claudius* de Sternberg, etc., les films abandonnés par manque d'argent, désintérêt du cinéaste, décision de producteur, ou mort de l'un ou de l'autre. Elle se verrait annexer également les films hybrides : ceux réalisés seulement en partie par un grand cinéaste. Le plus bel exemple étant *Mr. Roberts* de John Ford, où celui-ci, malade certainement d'avoir dû se battre aux poings avec Henry Fonda, fut remplacé quelques jours par Mervyn Le Roy...
>
> (*Poétique des auteurs,* p. 143.)

Les œuvres mystérieuses de Welles (*Don Quichotte, The Deep, The Other Side of the Wind*) seraient certainement l'un des joyaux de cette « anthologie historique des ruines du cinéma » , avec *Sea Gulls (1926,* ou *A Woman of the Sea)* que Sternberg réalisa pour Chaplin, et que ce dernier ensevelit dans ses caves (il l'aurait détruit), et le film de Jerry Lewis sur les camps de concentration inexplicablement retenu en Suède ...

Si l'histoire du cinéma est une suite de dates, de titres d'œuvres, de noms d'« écoles », avec des classements tout faits (par nationalités, par décennies, etc.), d'influences mises à jour, de films décrétés importants, d'innovations techniques, etc., il faut pour l'accomplir beaucoup de volumes (à l'image, en France, des ouvrages de Georges Sadoul ou de Jean Mitry...). Actuellement, et depuis quelque temps, des chercheurs de par le monde sont occupés à la tâche d'élaborer des histoires du cinéma d'une autre nature ; il est trop tôt pour réaliser une synthèse de ces travaux, à supposer qu'ils puissent faire l'objet un jour d'une « totalisation ». Ce livre ne peut qu'effectuer un choix limité à l'extrême dans cet ensemble, ainsi que dans la somme de matériaux existante.

L'histoire du cinéma est faite de mille actes irréductibles à un sens unique, comme à un temps linéaire et plein, ce qui ne veut pas dire que des sens ne sont pas décelables. Mais il n'y a pas de progrès en art, il n'existe que des perfectionnements techniques, ou des transformations plus ou moins lentes, des mutations plus ou moins brutales. Des mots tels que « primitif », « classique » ou « moderne » ne sont donc utilisés que parce qu'ils sont inévitables : le plus moderne n'est pas nécessairement le plus récent, et le plus primitif n'est pas nécessairement le plus reculé dans le temps. Les pratiques et les modes de représentation d'un moment ne devraient être envisagés qu'en relation avec ce moment et non en fonction de ce qui est venu après, afin d'éviter les illusions rétrospectives (la projection sur le passé d'un état de fait que ce passé ne pouvait qu'ignorer). Mais comment l'historien peut-il faire abstraction de son savoir ? Sa tâche est une suite de contradictions insolubles qu'il lui faut prendre en compte et non pas résoudre.

Après avoir examiné d'où vient le cinéma, nous choisirons (parmi d'autres) trois fils conducteurs : l'histoire de ce qui fait bouger le « langage » et les formes cinématographiques, l'histoire de ces formes, et l'histoire des corps (ceux des acteurs, des stars, des spectateurs, du cinéma lui-même). Chacune, brossée à grands traits, sera outrageusement succincte. De leur enchevêtrement, de leur entrecroisement devrait émerger l'idée d'une possible histoire du cinéma. C'est le travail demandé au lecteur. L'essentiel reste le *cinématographe,* moyen d'expression artistique, c'est-à-dire écriture du mouvement, de la lumière, des sons et des silences.

Le réalisateur Jacques Tourneur disait de l'un de ses courts métrages : « Un tour de force. La vie entière de Shakespeare et des extraits de huit de ses pièces en dix minutes ! » L'histoire du cinéma en une centaine de pages n'est-elle pas comme huit pièces de Shakespeare ramenées à quelques minutes ?

*

Par commodité, les ouvrages *Introduction à une véritable histoire du cinéma* de Jean-Luc Godard, *Poétique des auteurs* de Jean-Claude Biette, *Ciné Journal* et *Devant la recrudescence des vols de sacs à main,* tous deux de Serge Daney, seront désignés respectivement par *Introduction, Poétique, Ciné* et *Devant. Le Cinéma* renvoie à l'ouvrage collectif publié sous ce titre par Claude Beylie et Philippe Carcassonne.

LANTERNES SOURDES

Ces images arrivent brusquement par secousses,
se détachant sur la nuit comme de l'ébène

Gustave Flaubert,
La Tentation de saint Antoine

L'histoire des origines, d'ordinaire, quand il s'agit du cinéma, se résume en une énumération de techniques nommées d'après le grec : le phénakistiscope, le zootrope, le praxinoscope, etc. Tel est le premier chapitre obligé des histoires du cinéma, la « préhistoire ». Certains, remontant loin dans le temps, découvrent un « pré-cinéma » dans la tapisserie de Bayeux, les fresques de l'Egypte ancienne, les parois de Lascaux, quand des écrivains (Homère, Virgile, etc.) ne sont pas convoqués. On verra plutôt les commencements du cinéma dans une série de déplacements de la perception qui se sont opérés dans la vie quotidienne et qui ont souvent coïncidé avec l'avènement de nouveaux moyens de communication ou de nouvelles formes de spectacle. Ces déplacements peuvent être datés pour une part de la fin du XVIIIe siècle et du début du XIXe siècle.

1. Le voyage immobile

L'Eidophusikon

Vers1780, le peintre Philippe-Jacques de Loutherbourg conçoit un spectacle qu'il nomme *Eidophusikon* et qui consiste à animer des images sur une scène. Les mouvements des images sont accompagnés de musique. Des gazes et un éclairage habilement disposés produisent des effets atmosphériques sur des toiles qui représentent des paysages. Les scènes « jouées » sont l'aurore, avec une vue de Londres depuis Greenwich Park ; midi, le port de Tanger en Afrique avec, à distance, le rocher de Gibraltar, etc. L'intérêt principal de ce spectacle repose dans l'imitation de phénomènes éphémères, de moments fugitifs et quelconques que l'image en mouvement du cinéma donnera à voir mieux que n'importe quel autre moyen d'expression. Loutherbourg offre aussi à ses spectateurs des tempêtes, avec des effets sonores (pour les vagues, le vent, le tonnerre, les signaux de détresse d'un navire, etc.). Les publicités de l'époque nomment l'Eidophusikon tantôt « représentations de la nature », tantôt « imitations variées de phénomènes naturels, représentés par des images en mouvement » (le spectacle étant montré à Londres, on parle de *moving pictures*). C'est en Angleterre, au cours du XVIIIe siècle que, conjointement à la réflexion sur la notion de sublime, le mot « pittoresque » prend une extension de plus en plus grande, appliqué aux jardins, aux paysages, aux voyages, à l'architecture et, bientôt, aux mœurs. Le mot est très souvent utilisé pour évoquer l'appréciation du spectacle de la nature tout en se référant à la peinture de paysage. Il est à rapprocher d'une nouvelle culture du regard, ouverte à un large public et dont le tourisme est l'héritier, moins lointain qu'il n'y paraît : entre les deux, le cinéma a offert les « beautés » du monde entier à ses spectateurs, les espaces les plus exotiques ont été mis à la portée du regard (et des moyens financiers) des habitants des grandes villes, le voyage immobile et les sensations par procuration. Les opérateurs des frères Lumière ont parcouru le monde comme des héros modestes de Jules Verne. Le commandant Cousteau, capitaine Nemo « sponsorisé », offre une simulation d'évasion et définit l'espace du sublime et du pittoresque contemporains : le grand bleu.

Les chemins de fer

Le chemin de fer a opéré un remodelage de l'expérience de l'espace et du temps. Ouvrant de nouveaux espaces, à l'échelle parfois d'un continent, il accélère les déplacements, il contraint à une standardisation des repères temporels. Le train est surtout un lieu où le voyageur immobile est assis et regarde défiler un « spectacle » cadré. Victor Hugo, relatant sa première expérience ferroviaire en 1837, écrit :

> C'est un mouvement magnifique et qu'il faut avoir senti pour s'en rendre compte. La rapidité est inouïe. Les fleurs du bord du chemin ne sont plus des fleurs, ce sont des taches ou plutôt des raies rouges ou blanches, plus de points, tout devient raie ; les blés sont de grandes chevelures jaunes, les luzernes sont de longues tresses vertes, les villes, les clochers et les arbres dansent et se mêlent follement à l'horizon ; de temps en temps, une ombre, une forme, un spectre, debout, paraît et disparaît comme l'éclair à côté de la portière ; c'est un garde du chemin qui, selon l'usage, porte militairement les armes au convoi. On se dit dans la voiture : « C'est là à trois lieues, nous y serons dans deux minutes. »

Le cinéma entretient une longue connivence avec le train, depuis *L'Arrivée d'un train en gare de La Ciotat* (1895) jusqu'à *Runaway Train* (Andrei Konchalovski, 1985), en passant par les premiers agit-trains soviétiques suivis des trains cinématographiques de Medvedkine. Wim Wenders insiste dans *Tokyo-Ga* (1983) sur l'analogie entre le défilement de la pellicule et celui des wagons du métro japonais. Des mots du vocabulaire du chemin de fer peuvent évoquer des opérations propres au cinéma : raccordement, croisement, aiguillage, télescopage, etc. Les découvertes mécaniques et électriques ont apporté un rapport à l'espace et au temps si bouleversant qu'on ne peut guère l'imaginer aujourd'hui. L'automobile parachève ce que le chemin de fer a entamé. Le passage, en peu d'années, de la voiture hippomobile au moteur à explosion réduit l'espace ou dilate le temps, en fait des sensations relatives, susceptibles de varier considérablement selon les moments. Marcel Proust décrit, dans *Sodome et Gomorrhe,* la stupéfaction d'Albertine à découvrir la magie de la voiture automobile. Symptomatiquement, Arago rédige presque coup sur coup en 1838 et en 1839 deux rapports à l'Académie des sciences de Paris, l'un sur les chemins de fer, l'autre sur le daguerréotype, le prédécesseur immédiat de la photographie.

Le diorama et le panorama

L'idée du **daguerréotype** serait venue à Daguerre à la suite de l'incendie de ses peintures sur soie dans le diorama du Château d'eau. C'est en 1822 qu'il construit son premier **diorama** ; le spectateur placé dans une rotonde est immergé dans un spectacle qui joue sur la forme et le nombre des émissions lumineuses d'une part et, d'autre part, sur les lois de la réflexion (et de la réfraction) et la décomposition de la lumière par certaines substances. La relation du diorama et du **panorama** — un autre spectacle du XIXᵉ siècle et du début du XXᵉ siècle — avec le cinéma a été souvent signalée. « Avant que le cinéma eût commencé à former son public, un public se rassemblait déjà au Panorama impérial pour accueillir des images (qui avaient déjà cessé d'être immobiles) » (Walter Benjamin). Désormais, le voyage n'est plus accompli par le voyageur, mais par la machine spectaculaire. Cependant, alors que, dans le panorama, le fonctionnement du spectacle dépend des mouvements du spectateur dans l'enceinte centrale, dans le diorama il est indépendant du spectateur. Le rapport du diorama au panorama est celui du décor de théâtre à la peinture, écartèlement dans lequel le cinéma lui-même est pris.

2. La folie des « illustrations »

Au XIXᵉ siècle s'ouvre l'époque de ce que Michel Foucault, dans le catalogue de l'exposition Fromanger en 1975, a appelé « la frénésie neuve des images » :

> C'était le temps de leur circulation rapide entre l'appareil et le chevalet, entre la toile, la plaque et le papier — impressionné ou imprimé ; c'était, avec tous les nouveaux pouvoirs acquis, la liberté de transposition, de déplacement, de transformation, de ressemblance et de faux-semblant, de reproduction, de redoublement, de truquage. Les photographes faisaient de pseudo-tableaux ; les peintres utilisaient des photos comme des esquisses. Un grand espace de jeu s'ouvrait, où techniciens et amateurs, artistes et illusionnistes, sans souci d'identité, prenaient plaisir à s'ébattre. (...) La naissance du réalisme ne saurait être séparée de ce grand envol d'images multi-

ples et similaires. Un certain rapport aigu et austère au réel, exigé soudain par l'art du XIXe, a, peut-être, été rendu possible, compensé et allégé par la folie des « illustrations ».

L'apparition du cinéma s'effectue dans le droit fil de « cette folie, cette insolente liberté qui furent contemporaines de la photographie », mais aussi de ce rapport au réel qui *marque* le septième art depuis le début.

3. Emotions fortes

Silhouettes et lanternes magiques

Dans les années 1770, Séraphin ouvre à Versailles un théâtre d'ombres chinoises ou « figures à la silhouette » qui s'installe ensuite (1784) au Palais-Royal : Jean Renoir, aidé par la réalisatrice de films d'animation en ombres chinoises, Lotte Reiniger, lui consacre un épisode de *La Marseillaise* (1938). En 1798, grâce au « Fantascope », lanterne magique perfectionnée, Robertson terrorise les spectateurs avec ses « fantasmagories » (le nom choisi par Emile Cohl pour son premier dessin animé de 1908) présentées dans un couvent désaffecté. Ces « spectacles d'optique » consistent en des projections par plusieurs types de lanternes magiques sur différents supports : fumée, toile transparente, murs... Les fantômes de Robertson, comme les silhouettes de Séraphin, rejoignent les créatures indécises qui hantent les cachots et les souterrains des romans *noirs* pour donner à leurs spectateurs quelques émotions fortes dans le goût du jour. Les romans noirs, ou gothiques, ont pu être considérés par Julien Gracq comme des symptômes immédiats de la « débâcle » à venir suscitée par « la tempête révolutionnaire » .

La guillotine

Que la guillotine ait été une vraie machine « à tirer le portrait » est une constatation souvent faite. Ainsi Daniel Arasse écrit-il :

> On ne doit pas s'étonner de ce que le terme de guillotine désigne, dans les appareils photographiques du XIXe siècle, un type d'obturateur dont le mécanisme, différent de celui des obturateurs « à diaphragme », sert en particulier à saisir un portrait... On ne doit pas non plus s'étonner de ce que, réciproquement et toujours en termes de métier, l'exécuteur placé en face du châssis et chargé de placer très exactement la tête du condamné dans le « petit trou » de la lunette qui se referme sur le cou et qui en est dès lors obturée, soit appelé le « photographe » ; l'humour noir fait mouche. (...) La photographie ressuscite la fascination de la tête mourante, vivante et déjà morte, celle-là même que fixe l'iconographie perverse du portrait de guillotiné (...). Cette rencontre de la guillotine et de la photographie n'est pas seulement juste en théorie ; l'histoire sociale et policière saura la faire fructifier...
> (*La Guillotine et l'imaginaire de la Terreur,* p. 174.)

Le XIXe siècle finissant est obsédé par le thème de la décollation, principalement à travers la figure de saint Jean-Baptiste (Flaubert, Huysmans, Villiers de L'Isle-Adam, Gustave Moreau, Jean Lorrain, Beardsley, Oscar Wilde...). Les premiers gros plans cinématographiques apparaissent aux spectateurs comme de telles têtes séparées du tronc, et c'est bien ainsi qu'encore maintenant nous voyons le visage de Méliès dans son film *L'Homme à la tête de caoutchouc* (1898). La guillotine, cette machine à clapet, par sa mécanique annonce donc l'« œil à clapet » de l'appareil photographique, précurseur lui-même de la machine cinématographique.

Le mélodrame

Le théâtre de mélodrame qui apparaît à la fin du XVIIIe siècle est un théâtre d'effets, s'appuyant sur les machineries et les machinations, faisant appel à des processus d'identification mettant en branle le corps, les nerfs et les larmes. C'est souvent à partir de l'idée d'un tableau particulièrement impressionnant (le « clou ») que la pièce est conçue. Dans cette forme de spectacle, le metteur en scène prend tout à coup une importance primordiale. On a dit de Pixérécourt, l'un des auteurs les plus féconds dans ce domaine, qu'il n'était pas seulement l'auteur de ses pièces, mais qu'il en dessinait les costumes, qu'il donnait le plan de ses décorations, qu'il expliquait au machiniste le moyen d'exécuter les mouvements et que, scène par scène, il donnait aux acteurs des indications sur leurs rôles. Les changements de décors vont devenir de plus en plus fréquents, de même que la suggestion de transformations météorologiques, de conditions climatiques, d'atmosphères. Pour cela, il faut travailler les éclairages, ménager des réserves d'ombre et des zones de clair-obscur. Un des plus célèbres décorateurs de mélodrames fut Daguerre. Il porte sur la scène des effets d'optique spectaculaires : le décor acquiert alors un rôle de premier plan au point que les œuvres portent souvent comme titre le nom du lieu où se déroule l'action.

Le mélodrame ne cherche pas à purger les passions. Forme bâtarde, née du mélange des genres, peu faite pour séduire les esprits distingués, il est préoccupé d'héritages, de pureté, d'ultimes volontés, de voix du sang, de légitimité. La littérature « populaire » du XIXe siècle se prolonge dans le cinéma du début du siècle qui lui emprunte des thèmes, des idées de scénario, ou qui fonde parfois son esthétique à partir d'une réflexion sur elle. Eisenstein décèle l'influence de Charles Dickens sur D.W. Griffith et retrouve dans son propre film, *Le Cuirassé Potemkine* (1925), les structures du mélodrame.

4. LES ANNÉES 1890

Dracula et Frankenstein

Le rapport du vampirisme avec le cinéma se constate de diverses manières. Le cinéma s'est assimilé la substance d'autres moyens d'expression antérieurs à lui, qu'ils relèvent de la littérature, des arts graphiques, des spectacles sur scène, etc. Mais, plus généralement, pour reprendre une formule de André S. Labarthe, « Renversements, transfusions, montage : le cinéma sera vampirique ou ne sera pas ». On ajoutera à cette énumération un autre terme, celui de contagion.

Le thème du vampirisme se développe dans la littérature occidentale à la fin du XVIIIe siècle, et le célèbre roman de Bram Stoker, *Dracula,* date de 1897 : les Carpates sont fantasmées comme un territoire hors du temps, ou du moins dans lequel le temps se serait arrêté. Le pays au-delà de la forêt est au bois dormant — un arrêt sur image en quelque sorte, procédure dont le cinéma a fait l'un des ses points-limites (Luis Buñuel décrit au scalpel dans *Las Hurdes* un territoire hors du temps d'une autre sorte qui sécrète une vraie horreur). Cinq ans avant *Dracula,* paraît *Le Château des Carpates* de Jules Verne, ouvrage dans lequel un château, dans une contrée primitive du centre de l'Europe, est le lieu sublime et pittoresque où s'expérimente une préfiguration des hologrammes en mouvement : l'image d'une femme aimée, une cantatrice, est projetée en même temps que sa voix est diffusée, le tout d'une manière si parfaite que l'illusion est totale. L'invention technique s'associe à un double thème qui hante le XIXe siècle : l'art comme processus vampirique absorbant la vie, et la préservation de la vie au-delà de la mort, ce dont le cinéma à ses débuts (1895) fut crédité. La victoire sur la mort se retrouve dans l'histoire du docteur Frankenstein qui « réalise » par un vrai travail de montage (ou de collage) une créature monstrueuse à laquelle il donne vie.

Hypnose et psychanalyse

Un des narrateurs de *Dracula,* le docteur Seward, est psychiatre et élève de Charcot, célèbre spécialiste de l'hystérie dont Freud suivit l'enseignement, et qui pratiquait la suggestion sous hypnose. Les travaux de Freud sur l'hystérie datent des années 1892-1893, c'est-à-dire que la psychanalyse et le cinéma émergent pratiquement en même temps. On a souvent développé l'analogie entre la position spectatorielle au cinéma et la séance d'hypnose. Serge Daney préfère voir dans la psychanalyse et le cinéma « un pas, très modeste, vers *la sécularisation de la religion* », ce qu'il appelle « une sorte d'organisation du désenchantement ».

Arrivant aux Etats-Unis, Freud aurait eu une parole demeurée célèbre (« Ils ne savent pas que je leur apporte la peste et le choléra ») qui s'applique plus encore au cinéma qui a concerné tous les milieux et le monde entier. Autrement, Freud a fait l'expérience du cinéma, à son corps défendant, à travers le projet d'un film de Pabst, *Les Mystères d'une âme* (1926) qui se réalisera sans son assentiment. Certaines œuvres d'auteurs célèbres reposent explicitement sur la psychanalyse, *La Maison du docteur Edwardes* (1945) d'Hitchcock, ou *Le Secret derrière la porte* (1948) de Fritz Lang dont le titre est devenu emblématique d'une forme de cinéma « classique » et du désir de voir plus (derrière ou à travers), qui la caractériserait.

Le mouvement dans la pensée et dans l'image

Dans les années 1885-1890, Etienne-Jules Marey publie les premiers résultats obtenus par son fusil photographique et paraît *L'Essai sur les données immédiates de la conscience* (1889) de Henri Bergson qui débute par une réflexion sur le mouvement et l'immobilité. *Matière et Mémoire* est de 1896, si bien que Gilles Deleuze peut écrire : « L'introduction du mouvement dans le concept se fait exactement à la même époque que l'introduction du mouvement dans l'image. »

L'analyse photographique du mouvement s'effectue à la fin du XIXe siècle, en même temps que la division chromatique impressionniste qui fragmente la sensation. C'est ainsi que peut se comprendre la formule de Jean-Luc Godard selon laquelle Lumière (qui était aussi, et surtout, un photographe) était « le dernier peintre impressionniste », « un contemporain de Proust ». Traditionnellement, dans les arts plastiques, la spécification de l'instant était la conséquence d'une abstraction du mouvement mémorisé, et d'une longue application à le dessiner, le peindre ou le sculpter en gestes symboliques ou successifs. Les poses se substituant l'une à l'autre rappellent la définition que donne Marey de la chronophotographie : « Images successives représentant les différentes positions qu'un être vivant cheminant à une allure quelconque a occupées dans l'espace à une série d'instants. » Il existe cependant une différence entre les poses dans les arts traditionnels et les instants conservés par la photographie. Les premières montrent le passage réglé d'une forme à une autre, un ordre des instants privilégiés, alors que la photographie rapporte le mouvement à l'instant quelconque.

La maîtrise des instantanés permet la décomposition du mouvement en ses phases. Par leur expérimentation de nouveaux moyens de perception, Marey et Muybridge font de la dimension temporelle un instrument de la connaissance visuelle. L'espace-temps classique exige des poses excessives et de l'emphase, le choix d'instants forts et signifiants. L'instantané crée un nouvel espace-temps du regard fondé sur les coupures quelconques opérées dans la durée du mouvement. Marey, qui s'intéresse par ailleurs aux problèmes de la contagion et de la circulation du sang, voit le mouvement comme un moment à synthétiser. Muybridge garde la décomposition d'une trajectoire en instants successifs. Marey propose une fusion visuelle du vol de l'oiseau alors que Muybridge analyse le galop du cheval, ou la marche de l'homme, comme une suite d'instants différents bien distincts. Le cinéma se souvient de cette double leçon. Albert Londe, chargé par Charcot de diriger le laboratoire de photographie médicale de la Salpêtrière, ne reconnaissait de l'intérêt au cinématographe que dans l'accéléré ou le ralenti qui rendent visibles l'un et l'autre des mouvements échappant normalement à l'œil. Walter Benjamin écrit que le cinéma « nous ouvre l'expérience de l'inconscient visuel, comme la psychanalyse nous livre l'expérience de l'inconscient instinctif ».

Virtuel - Actuel

La voie est ouverte au futurisme, à Marcel Duchamp, aux recherches cinématiques. Le cinéma appartient donc à une conception moderne du mouvement qui emporte les arts. Néanmoins, sa situation ambiguë, ni art ni science, et sa condamnation au nom « d'une plus haute synthèse du mouvement » n'ont cessé de le poursuivre. Une peinture ou une sculpture ne proposent pas un mouvement, mais « l'image d'un mouvement », une représentation du mouvement que le cinéma, pense-t-on, dévaloriserait en la mécanisant. Simplement, le mouvement donné avec l'image déplace et la conception du mouvement et celle de l'art. C'est pourquoi Gilles Deleuze peut soutenir que *Matière et Mémoire* définit une image-mouvement et une image-temps qui trouveront leurs actualisations dans les œuvres cinématographiques ; il observe ces actualisations, il reprend Bergson et établit une typologie des images :

> Je crois que toutes les images combinent différemment les mêmes éléments, les mêmes signes. Mais n'importe quelle combinaison n'est pas possible à n'importe quel moment : pour qu'un élément soit développé, il faut certaines conditions, sinon il reste atrophié, ou secondaire. Il y a donc des niveaux de développement, chacun aussi parfait qu'il peut l'être, plutôt que des descendances ou des filiations. C'est en ce sens qu'il faut parler d'histoire naturelle plutôt que d'histoire historique.

En 1895, le Cinématographe Lumière est riche de beaucoup de virtualités dont plusieurs s'actualiseront. A telle situation dans le temps a correspondu tel « niveau de développement » qui constitue une singularité : cette singularité est un mélange dans lequel prédomine un type d'image pris dans des réseaux, des systèmes d'alliances et de rencontres en continuelle transformation, des conditions économiques et techniques, des données d'ordre politique et idéologique. Faire de l'histoire, c'est tenter de comprendre le mouvement par lequel des singularités ont pu émerger.

5. Par ailleurs...

A la fin du XIXe siècle, la terre entière ou presque a été sillonnée, quadrillée, arpentée, si bien que Michel Serres peut constater que *Les Voyages extraordinaires* de Jules Verne « marquent ainsi la fin de l'âge des voyages, le moment où l'ensemble des passages est forclos » (*Jouvences sur Jules Verne,* p. 11). Ce qui est vrai relativement au monde vernien l'est de manière générale. En 1893, aux Etats-Unis, la frontière est décrétée officiellement close. Désormais, il n'y a plus dans ce pays d'espace libre à conquérir. C'est la fin de l'Ouest historique. Ce dernier ne peut être que reversé au compte de l'imaginaire, ou mieux, d'un hyper-réel. Il est envisagé comme lieu où seraient déposées les valeurs positives de la nation. A la même époque, en Europe, les Carpates sont fantasmées hors du temps comme réserve de croyances ancestrales. Dans les deux cas, il s'agit de maintenir vivante l'idée qu'une région du globe a échappé à l'industrialisation et à l'ère moderne. La complexité du mythe de l'Ouest réside dans le fait qu'il est chargé de rendre compte du dynamisme d'une nation en marche et qu'il est rattaché malgré tout à une Amérique rurale réfractaire à la grande ville. Les histoires de vampires font appel à un matériel résolument archaïque juxtaposé dans *Dracula* aux inventions les plus contemporaines (le télégraphe, par exemple). Comme les figures du vampire et du cowboy, le cinéma est ambigu, appartenant, lorsqu'il fait son apparition, à la fois au passé (sa machinerie reste artisanale — et c'est en quoi il peut être un art) et à l'avenir.

A partir de 1893, Frederick Winslow Taylor se consacre à l'organisation scientifique du travail qui consiste à décomposer le travail de l'ouvrier en segments simples, de même que les chronophotographies décomposent les phases d'un mouvement. Il s'agit chaque fois du temps mis en miettes, mais aussi du travail des hommes, et du corps des hommes, désarticulés. Jean-Luc Godard dit qu' « une vraie histoire du cinéma devrait pouvoir montrer effectivement un moment de l'histoire du corps humain sous forme sociale ».

Par ailleurs, le cinéma n'est pas apparu n'importe où, n'importe quand, et par la grâce de n'importe qui, mais d'Edison et des frères Lumière, tout de même des industriels du monde occidental.

EN CE TEMPS-LÀ...

Quand irons-nous, par-delà les grèves et les monts,
saluer la naissance du travail nouveau, la sagesse nouvelle,
la fuite des tyrans et des démons, la fin de la superstition,
adorer — les premiers ! — Noël sur la terre !

Arthur Rimbaud, « Matin », *Une Saison en Enfer.*

Toute histoire veut un point d'origine. Celle du cinéma commencerait le 28 décembre 1895, date des représentations publiques du cinématographe Lumière dans le sous-sol du Grand Café, à Paris. Cette date a été retenue, parce que, pour une des premières fois, des images étaient projetées sur un écran, alors que le dispositif inventé par l'Américain Thomas A. Edison (le kinétoscope, 1891) ne permettait qu'à une seule personne d'observer par une fente le déroulement d'images en mouvement. Les expériences d'Edison commencèrent en 1887, deux ans après que l'Anglais Friese-Green eut entamé les siennes...

1. Le cinéma des nations

Sitôt un point de départ fixé (il ne peut qu'être arbitraire) la question se pose des grandes lignes de ce qui a suivi et de leurs points d'articulation ou de rupture, c'est-à-dire des coupures qui font le sens de l'Histoire. Beaucoup d'histoires du cinéma sont celles des cinémas nationaux (américain, égyptien, indien, italien...). Ce choix repose sur un critère implicite selon lequel l'appartenance à un pays, à un État, à une communauté, homogénéiserait une production, en tout cas établirait un lien suffisamment fort entre un certain nombre de films pour qu'ils puissent être envisagés ensemble. Cette appartenance n'est pas toujours évidente. Déterminer quel fut le premier film parlant français, par exemple, est un vrai problème de casuistique puisque, parmi les trois candidats, deux ont été tournés par un réalisateur français avec des acteurs français, mais dans des studios londonien ou berlinois (ce qui est le cas de beaucoup de films français dans les débuts du parlant) : en conséquence, *Le Requin* (1929) de Henri Chomette, « intégralement » français, remporte le titre. Certains cas extrêmes de productions internationales auxquelles ont participé des acteurs, un réalisateur, un opérateur, un musicien, tous d'origine différente, certains exemples de réalisateurs qui sont passés de pays en pays (Carl Dreyer en France pour *La Passion de Jeanne d'Arc*, 1928 et *Vampyr*, 1932 ; Max Ophüls en France, aux Etats-Unis, en Italie, au Japon ; Jean Renoir aux Etats-Unis, aux Indes, en Italie ; Michelangelo Antonioni en Angleterre pour *Blow Up,* 1967 et aux Etats-Unis pour *Zabriskie Point,* 1970 ; Ingmar Bergman pour *L'Œuf du serpent,* 1977, production internationale...) incitent à la prudence, mais ne sauraient entamer le sentiment que la dimension nationale est importante.

Il est des inégalités criantes : entre les pays qui connurent le cinéma d'emblée et ceux dans lesquels il ne pénétra que tardivement ; entre les pays qui possèdent une production cinématographique et ceux qui n'en ont pas, et n'en auront probablement jamais (c'est le cas de certains pays africains) ; entre les pays qui ont connu une production ininterrompue et ceux pour lesquels il n'en est pas allé ainsi... La cinéphilie connaît aujourd'hui un déplacement vers des cinémas « exotiques », découvrant des réalisateurs anciens injustement négligés et parfois contemporains : indiens (Guru Dutt, Ritwik Ghatak, Mrinal Sen), chinois (King Hu, Xie Jin, Zhang Yi-Mou), japonais (Mikio Naruse, Keisuké Kinoshita, Heinosuké Gosho, Hiroshi Shimizu, Mitsuo Yanagimachi), coréens (Kwon-taek Im), iraniens (Abbas Kiarostami), égyptiens (Youssef Chahine), turcs (Yilmaz Güney), maliens (Souleymane Cissé), sénégalais (Ousmane Sembene), philippins (Lino Brocka), finlandais (Aki Kaurismaki), arméniens (Artavadz Pelechian)... Cet intérêt pour les cinémas du monde est probablement dû au fait que la relève est maigrement assurée dans les pays occidentaux. Il n'est jamais trop tard pour s'ouvrir à d'autres cinématographies, mais doit-on voir en ces noms (du moins quand ils sont ceux d'hommes jeunes) autant de signes de renouvellement ? Ne s'agit-il pas chaque fois d'expériences isolées, même si elles sont précieuses ? ne faut-il pas reconnaître à l'histoire du cinéma d'autres centres de gravité que les Etats-Unis ou l'Europe ?

Plus que tout autre moyen d'expression artistique sans doute, le cinéma est inexorablement lié aux vicissitudes, aux injustices et aux grandeurs du siècle. C'est pourquoi la place qu'il occupe dans les épisodes dramatiques qui ont constitué l'histoire du XXe siècle demande à être d'abord examinée.

2. La traversée du siècle

Au début du siècle, face aux divers empires bourgeois fonctionnant sur les principes de l'économie capitaliste surgit le communisme, avec la révolution de 1917, le premier État soviétique socialiste de 1918 et la formation de l'Union en décembre 1922. Désormais, l'histoire du siècle se résume en un bras de fer entre deux conceptions du monde et entre deux types d'économie malgré les tentatives d'ouvrir une troisième voie que l'on qualifiera de social-démocrate. Le capitalisme, dans sa forme américaine, réagit dans un premier temps par des mesures brutales pour briser toute tentative d'organisation « subversive » intérieure (un exemple est la persécution systématique, allant jusqu'à l'assassinat, des membres de l'association des *Industrial Workers of the World*). Ensuite, il regarde se développer en Europe des formations politiques destinées à rivaliser sur le terrain avec le jeune État soviétique : les fascismes allemand et italien. Ces nouveaux systèmes poussant à l'extrême leur logique de guerre et d'extermination raciste, les États-Unis interviennent dans le conflit ; brève idylle de surface entre eux et l'Union soviétique. S'ensuit le partage du monde. Nouvelle purge aux États-Unis avec la chasse aux sorcières. Internationalement, c'est la guerre froide et le renversement de la situation première : ceux dont on voulait se persuader qu'ils étaient des envahisseurs potentiels sont enfermés derrière un « rideau de fer », avec l'assentiment des intéressés qui, d'eux-mêmes, donnent une réalité au rideau en construisant un mur. Les adversaires se battent dès lors par pays interposés (Corée, Viêt-nam, Cuba...), par joutes oratoires et vetos lors des sessions de l'ONU.

En termes politiques, la grande affaire de ce siècle aura été concurremment la faillite du communisme et la victoire d'un néo-capitalisme qui a engendré le type de société que Michel Foucault appelle des « sociétés de contrôle » et dont l'une des caractéristiques, selon Jean-François Lyotard, est de développer « barbarie nouvelle, néo-alphabétisme et appauvrissement du langage, nouvelle pauvreté, impitoyable remodelage de l'opinion par les media, un esprit voué à la misère, une âme à la désuétude » (*L'Inhumain,* p.75). Le fascisme a été l'expérimentation brutale et convulsive d'une société technologique dont la version américaine est à l'inverse *soft* et séduisante. Le communisme, qui a voulu sortir l'humanité de son aliénation, n'a fait que tragiquement déplacer les termes de cette aliénation. Pourtant il a représenté pour beaucoup la seule contrepartie possible, un « principe Espérance ». Dès 1921 (révolte des matelots de Kronstadt), la révolution soviétique amorce son lent et inexorable processus de dégradation qui s'accélère après la mort de Lénine en 1924, et qui devient irréversible après l'assassinat de Kirov (1934) et les purges de 1936-38. Il durera soixante-dix ans.

Après la seconde guerre mondiale se trouvent affrontés un système qui n'arrête pas de se scléroser et qui gère un pays saigné à blanc, et un autre système à qui tout réussit grâce à l'exploitation consciencieuse d'une partie du monde, de ses ressources humaines et de ses richesses naturelles. Un fantôme hante l'un et l'autre, celui du fascisme dont les méthodes policières de coercition ont gangrené le monde stalinien, et dont l'ambition (la mobilisation totale par le contrôle de la pensée) est en voie d'être réalisée par la « démocratie individualiste de masse » (S. Daney) à l'aide de ses technologies « de pointe » :

> Dans ce qu'on appelle la démocratie moderne, l'hégémonie persiste du principe selon lequel l'opinion des masses doit être séduite et conduite par ce

que j'appellerais les procédures « télégraphiques », par les diverses sortes d'« inscription à distance » qui permettent de décrire et de prescrire. Et, de cette manière, un nazisme a gagné... comme mobilisation totale.

(Jean-François Lyotard, *L'Inhumain,* p. 87.)

Dans le grand conflit idéologique qui devait aboutir pour beaucoup d'esprits à l'annulation de toute idéologie, et qui fut un combat à mort, on ne lésina pas en effet avec les vies humaines. Chacun y est allé de son hécatombe, tout en manifestant des préoccupations humanitaires et en justifiant son action par le bien des peuples, la démocratie, et la liberté ; le souci des parties en présence fut bien de trouver le moyen de faire disparaître des monceaux de cadavres. Le mythe de l'Ouest américain, par exemple, fut, entre autres, un tel tour de passe-passe (escamotés les quelques centaines de milliers d'Indiens, comme le furent les Maoris et les deux millions d'Arméniens, effacées les souffrances, les désillusions, les rivalités d'intérêts impitoyables). Comme le montre le film de propagande *Le Führer offre une ville aux Juifs,* les nazis se sont donné beaucoup de mal pour qu'officiellement leurs camps de concentration offrent l'apparence de paisibles centres de vacances (dix millions d'êtres humains y laissèrent la vie). Le régime stalinien a fait disparaître une partie de ses opposants (un bon million d'entre eux furent exécutés, neuf millions incarcérés) dans des goulags enfouis au fin fond de la Sibérie, ou dans d'autres lieux. Les bombes d'Hiroshima et de Nagasaki volatilisèrent près de deux cent mille corps d'un coup ; malheureusement, quelques-uns subsistèrent dont les chairs rongées étaient encore trop éloquentes. La guerre du Golfe atteignit une sorte de perfection puisque, dans cet étrange conflit, il ne fut jamais fait état par aucun des deux camps de l'existence de possibles victimes irakiennes et que, presque dans le même temps, de faux charniers roumains firent sensation : contrôle de l'« information » et des consciences. Certains maintenant vont jusqu'à nier qu'il y eut jamais des chambres à gaz. Nos sociétés ont d'abord supprimé le spectacle de la mort dans la vie civile avant de réussir la même opération dans la guerre ; la procédure est infiniment supérieure à celle des régimes communistes qui, truquant les images en en gommant une partie, encouraient le risque de l'accusation de mensonge. Il reste des traces dans le cinéma contemporain de cette manie d'effacer les images, les personnages de « nettoyeurs », dans *Nikita* (de Luc Besson, 1989) ou *Who Framed Roger Rabbit ?* (de Robert Zemeckis, 1988).

Quelle relation le cinéma entretient-il avec tout cela ? La plus étroite, précisément, puisqu'il s'agit d'images et que sa fonction est de montrer. Touchant simultanément, « comme un géant plongé dans les années », au XVIIIe et au XXIe siècle, le cinéma aura été par excellence l'art du XXe siècle, à la fois témoin et complice. Très vite il a été revendiqué par les protagonistes de ce temps-là comme instrument de propagande : en Allemagne nazie il y eut l'acteur-réalisateur Luis Trenker, les films de Leni Riefenstahl, de Hans Steinhoff (*Le jeune Hitlérien Quex,* 1933) et de Veit Harlan (*Le Juif Süss,* 1940) ; en Union soviétique *Le Serment* (1946) de Mikhail Tchiaourelli, ou *Rencontre sur l'Elbe* (1949) de Grigori Alexandrov ; aux Etats-Unis, n'importe quelle production anti-communiste (de *Red Russia Revealed,* 1923, à *Night People* de Nunnally Johnson, 1954) ou *Les Bérets verts* (1968) de John Wayne... Des cinéastes importants ont entretenu avec la chose politique, ou le pouvoir, un dialogue parfois dramatique (Eisenstein, Lang, Chaplin, Renoir, Visconti, Godard...). Les secousses du siècle enfin se sont inscrites dans les films ou ont amené des réalisateurs à imaginer des modes de représentation nouveaux et bouleversants (Resnais, Straub...).

3. L'IMPASSE

Lénine, parlant au nom des bolcheviks, qualifiait le cinéma d'art, pour eux, le plus important. L'espace de quelques années, il y eut comme une adéquation entre le septième art et la révolution soviétique. Frappent dans les débuts du cinéma, de 1914-15 jusque vers la fin des années 1920, la diversité des réalisations dans le monde et l'ardeur, l'enthousiasme de ceux qui parlaient du cinéma et de ceux qui en faisaient. Beaucoup d'espoir a été alors placé dans ce moyen d'expression encore neuf :

les écrits théoriques d'Eisenstein, mais aussi ceux d'un Abel Gance, d'un Elie Faure, d'un Jean Epstein, voient dans le cinéma l'art total des masses, ou un « langage » aux possibilités infinies. Ce n'est donc pas un phénomène strictement soviétique, mais cet optimisme était en harmonie avec celui que pouvait susciter la réussite de la révolution de 1917. De là une fièvre et un élan perceptibles dans *Le Cuirassé Potemkine* (1925) d'Eisenstein, dans *L'Homme à la caméra* (1929) de Dziga Vertov, ou même dans *Le Bonheur* (1934) d'Alexandre Medvedkine. « Il y a beaucoup d'espoir et beaucoup de jeunesse » dit Jean-Luc Godard, dans ces films soviétiques et Eisenstein, selon lui, a su « où placer la caméra », c'est-à-dire quel angle de prise de vue adopter, « parce qu'en Russie, ils avaient un autre point de vue sur les choses, et qu'effectivement à un moment donné, ça s'est inscrit dans un individu qui a su trouver un autre point de vue qui était unique », manière de filmer « que personne n'a retrouvée depuis » : « Il n'y a qu'à regarder les cours de mise en scène d'Eisenstein avec tous les dessins qu'il fait on voit ce que c'est que faire une image à un moment donné où il y a un changement dans la société » (*Introduction,* p. 75, 81, 189).

Avec la venue du parlant, le cinéma révolutionnaire se transforme en cinéma au service de la révolution, didactique et bientôt académique. On pourrait dire grossièrement qu'entre *Ivan le Terrible* (1945), ultime chef-d'œuvre d'Eisenstein, et *Stalker* (1978) de Andrei Tarkovski, le cinéma soviétique, malgré quelques œuvres majeures comme celle de Marc Donskoi, connaît une sorte d'engourdissement d'une trentaine d'années sous la surveillance de Jdanov. Eisenstein termine sa carrière par un affrontement au pouvoir d'un homme (et non plus à celui des masses). Dans *Stalker,* trois personnages pataugent dans un univers de boue et de métaux rouillés, « la zone », pour atteindre en son centre une chambre dans laquelle aucun n'ose pénétrer. Après la question posée par Eisenstein à l'Histoire, le parcours métaphysique de ces hommes est aussi une parabole montrant dans quel bourbier l'Union soviétique s'est enfoncée.

Des œuvres cinématographiques ont été réalisées dans ce pays sous Staline et après sa mort (1953), mais une partie seulement de cette production est connue en Occident. Cette présence intermittente du cinéma soviétique et des pays communistes en général, est due à un double filtrage. Les officiels soviétiques distillent les films qu'ils veulent laisser voir, et en Occident les films des pays de l'Est font l'objet d'une censure vigilante. Ainsi la vision du *Cuirassé Potemkine* n'est-elle autorisée en France qu'en 1952 et celle d'*Octobre* qu'en 1967, « une fois que la révolution russe ou ce qu'il pouvait y avoir de nouveau et de dangereux pour d'autres régimes dedans avait été liquidé, au moment où le poids de l'image n'existait plus » (Godard, *Introduction,* p. 182). Il ne reste plus au vidéaste polonais Zbigniew Rybczinski qu'à faire visiter le monument désaffecté, à travers sa scène la plus célèbre, celle des escaliers d'Odessa, dans *Steps* (1987), à des touristes américains types. Rybczinski est l'un de ces artistes qui, après avoir reçu dans leur pays une solide formation, choisirent de travailler à l'Ouest (comme Polanski, Konchalovski, Zulawski, Skolimovski, Iosseliani, Forman...). Le départ de ces cinéastes fut l'un des indices d'une fin proche pour les régimes communistes. Quelques-uns de ces exilés se sont très bien adaptés, d'autres n'ont pas trouvé de travail, d'autres encore, comme Andrei Konchalovski, ont été vite sans illusion sur leur pays d'accueil.

4. Une ville sous contrôle

Le rêve américain

D'un côté les Etats-Unis ont interdit les films de l'Est (de toute manière, très peu d'œuvres « étrangères » arrivent sur les écrans de ce pays, moins de 2%), de l'autre, ils se sont servis eux aussi du cinéma comme arme de propagande. Arme dissuasive pour le public indigène : Hollywood a commencé très tôt, dès l'époque du cinéma muet, à produire des films germanophobes d'abord, puis « anti-rouges ». Arme offensive pour tous les publics : le cinéma américain a certainement été l'un des meilleurs propagateurs de l'image positive des Etats-Unis et de l'idée que l'*ame-*

rican way of life était la solution idéale pour le monde entier ; à ce titre, il fait partie du même arsenal que les émissions de radio comme « La Voix de l'Amérique » destinées à usage externe. Le grand cinéaste idéologue des Etats-Unis est vraisemblablement Frank Capra, dont les comédies (*Monsieur Smith va au Sénat, Milliardaire pour un jour,* etc.) se veulent une défense de la démocratie contre la corruption, en termes idéalistes. Paradoxalement, cette idéologie conservatrice « et la conscience de classe des personnages, comme moteur, ou du moins phare de leurs actes, donnent aux films de Capra une véritable résonance brechtienne » (Jean-Claude Biette, *Poétique,* p. 77).

Ce qu'on a appelé l'époque du *nickelodeon* (du nom des salles de cinéma qui triomphent aux Etats-Unis vers 1906) a pu apparaître à des historiens comme un modèle nostalgique pour décrire une forme de cinéma propice à la constitution d'un public relativement homogène parce que capable d'éduquer les immigrants et d'aider à en faire d'authentiques Américains. Le nouveau moyen d'expression est envisagé comme un instrument susceptible de créer l'unité nationale. Paul Virilio écrit :

> La population visée est (...) le « conglomérat sociologique informe » du prolétariat militaro-industriel, appelé indifféremment à l'usine ou à la guerre, au moment où la « menace bolchevique » s'étend de Munich aux portes de l'Inde et où chaque jour les Américains se demandent si les Russes ne campent pas déjà à Paris.
>
> (*Logistique de la perception,* p. 50-51.)

L'industrie du cinéma

Si le cinéma est un art, il est à coup sûr une industrie à Hollywood. La comparaison avec la fabrication des automobiles s'est imposée tout de suite à partir d'une analogie avec les méthodes de Taylor et la production en série (standardisation des pièces, interchangeabilité des mécanismes...) : l'extrême parcellisation du travail à Hollywood, la fonction de créateur, ou même d'artisan, ravalée à celle d'employé, l'existence d'équipes appartenant aux studios (scénaristes, opérateurs, *art directors,* monteuses, vedettes, tous liés à une maison), l'existence même de séries (consacrées à un genre, à un public, ou définies par le coût des films), leur uniformité, tous ces faits justifient l'analogie. L'originalité de cette industrie est de produire seulement des prototypes (les œuvres peuvent se ressembler fortement, elles ne sont jamais tout à fait identiques). Au milieu des années 1920, le système hollywoodien existe sous la forme d'un petit nombre de maisons de production importantes (Paramount, First National, Loew's, Fox — les deux dernières fusionnant en 1929) et d'une quantité de maisons pauvres ou modestes connues globalement sous le nom de *Poverty Row* (l'allée de la misère). Entre ces deux groupes, quelques maisons de moyenne importance, dont F.B.O. (Film Booking Office) et Universal. Aux grandes compagnies la possibilité de réaliser des *specials* ou des *superspecials,* c'est-à-dire des films de prestige à budget important, avec des vedettes renommées. A ces mêmes compagnies les grandes salles d'exclusivité qu'elles se sont disputées âprement. Aux producteurs indépendants, le réseau de distribution connu sous le nom de *State's Rights* (les droits d'exploitation d'un film sont vendus à un distributeur travaillant dans les limites d'une aire géographique précise, ainsi que dans certaines villes d'importance. Ensuite cet acheteur loue les films à des exploitants). Ces compagnies ont de la difficulté à survivre, les banques étant d'autant moins disposées à les soutenir qu'elles ne présentent aucune garantie. Aussi sont-elles réduites aux *quickies,* films bon marché fabriqués rapidement, de préférence des films sur l'Ouest ou des comédies qui n'exigent pas de décors dispendieux. Les méthodes visent à l'économie : il est impossible de reprendre une scène et il faut s'efforcer de monter le film dès le tournage, dans la caméra. Il est très difficile aux acteurs qui travaillent pour ces compagnies d'avoir une publicité suffisante pour se constituer un public permanent. Pour un acteur, quitter une maison, même de taille moyenne, pour passer dans les mains de petits producteurs indépendants, est le signe d'une glissade fatale vers l'oubli.

Ce système se poursuit et se stabilise momentanément dans les années 1930. On distingue alors parmi les compagnies les *Majors* (M.G.M.,

Paramount, Warner Bros, 20th Century Fox, R.K.O.) et les *Minors* (Universal, Columbia, United Artists). Les *Majors* sont des trusts qui cumulent production, distribution et très souvent exploitation : le gouvernement commence à les poursuivre vers 1939 pour violation des lois antitrusts et obtient l'adoption par tous les *Majors* du *divorcement* (la séparation entre l'activité productrice-distributrice et l'exploitation) une quinzaine d'années plus tard. Alors, la télévision est bien présente, et les structures hollywoodiennes se déplacent de nouveau.

Le cinéma américain est donc régi par des lois commerciales impitoyables, et des différences de « classes » qui se résument à une lutte du plus faible pour survivre et, si possible, approcher au plus près d'une condition décente. Hollywood n'a jamais été qu'un terrain parmi d'autres pour vérifier les lois du darwinisme social. Woody Allen déclare :

> Hollywood a toujours été une usine. Il y a toujours eu de grosses compagnies, et il a toujours été très difficile d'y travailler. Beaucoup de créateurs sont étouffés par le système, mais (...) de temps en temps il sort un bon film, malgré toutes ces pressions. Après, on ne parle que de celui-là, en oubliant tout ce qui a été réprimé, détruit. (*Le Monde,* 1er août 1991, p. 11.)

Hollywood et le pouvoir politique

Jamais le pouvoir ne s'est désintéressé du cinéma aux Etats-Unis. Il est symptomatique que le cinéma muet de ce pays soit placé sous l'égide de Theodore Roosevelt (*Caravane vers l'Ouest* de James Cruze, 1923, par exemple, lui est dédié), que Richard Nixon, avant d'être président, se soit préoccupé des activités anti-américaines à Hollywood et qu'un acteur, Ronald Reagan, ait été élu à la Maison Blanche : pas plus la personnalité que la politique de ces trois hommes n'a été très éclairée. Très tôt des financiers-politiciens, comme Joseph P. Kennedy, ont investi dans l'industrie du cinéma. Hollywood a été conçu à la fois comme une cité idéale et comme un lieu « à part », un peu louche, en tout cas facilement circonscriptible et aisé à investir. L'institution hollywoodienne demande elle-même un censeur dans les années 1920, et fait appel à Will H. Hays, qui a appartenu au cabinet du président Harding. La période du mac-carthysme (entre 1947 et 1953 principalement) a consisté à installer un cordon sanitaire autour de la ville et à faire régner dans cet espace clos un climat empoisonné de délation auquel certains parmi les plus grands se sont volontiers prêtés. D'autres dénoncèrent, « forcés », pour ne pas perdre leur travail. Plusieurs poursuivirent clandestinement leurs activités. Certains s'exilèrent (Joseph Losey, Jules Dassin, John Berry, Lionel Stander...). L'acteur John Garfield en mourut. Il y eut des carrières brisées, une tradition hollywoodienne depuis, au moins, l'affaire Roscoe Arbuckle au début des années 1920 : cet acteur comique, alors au faîte de sa gloire, fut accusé du meurtre d'une jeune femme dans des conditions scabreuses, reconnu innocent il ne retrouva pas d'emploi tant la campagne menée contre lui par les ligues de vertu avait été violente. On imagine que les mêmes se déchaînèrent contre les milieux libéraux de Hollywood quand ils prirent position contre la politique mac-carthyste. En mai 1947, J. Parnell Thomas, président de la commission des activités anti-américaines, entre en fonction dans la "Mecque du cinéma" et des petits billets de couleur rose (des convocations à se présenter devant la commission) commencent à parvenir à leurs destinataires. En novembre, dix personnalités refusent de témoigner en invoquant le premier amendement à la Constitution. La commission obtient contre elles un blâme pour outrage au Congrès et des peines de prison (pour délit d'opinion). Le procès des dix et la constitution de la liste noire sont les deux événements majeurs de cette période. L'inscription sur la liste noire ferme la porte des studios aux intéressés. Pour obtenir du travail, ils doivent passer devant un *Clearing Office* et désavouer leurs prises de position libérales (faire leur autocritique). Le début des hostilités en Corée en juin 1950 augmente l'intensité de la campagne anti-communiste. Le film d'un exilé, *Un Roi à New York* (1957) de Chaplin, rend bien compte du climat d'alors. Un autre film, *Le Sel de la terre* (1953-1954), dont les auteurs, notamment le réalisateur Herbert Biberman, sont tous *blacklisted,* est devenu le symbole de l'esprit de résistance tant par son sujet, exceptionnel aux Etats-Unis (une grève d'ouvriers mexicains au Nouveau-Mexique) que par les conditions extrêmement difficiles dans lesquelles il fut réalisé.

Tous les mouvements sociaux, l'organisation de syndicats politisés (notamment celui des scénaristes), les grèves (en particulier celles de 1945-1946) furent à Hollywood limités et étouffés, livrés à d'incessantes entreprises de démantèlement. En cela, Hollywood fut un miroir grossissant de la société américaine : à l'époque du mac-carthysme, le milieu du cinéma ne fut pas le seul touché, des milliers d'ouvriers furent licenciés dans tout le pays. Hollywood fut le lieu où s'est créé principalement le rêve américain des classes moyennes, associé à l'univers de Walt Disney comme à celui de Steven Spielberg. Ce rêve a produit quelques monstruosités,

> des choses aussi peu ragoûtantes que des télévangélistes, des vertueux professionnels ou des chevaliers blancs aux dentitions féroces, entièrement voués à la culpabilisation de l'autre et à la cause du Bien. Pour arriver à de telles horreurs, il fallait (...) une culture aussi puritaine que l'américaine, fondée sur le spectacle de la sincérité et la jouissance du repentir, seuls à même de produire ce philistinisme de masse qui avait déjà empoisonné le vieux cinéma américain.
>
> (S. Daney, *Devant,* p. 159.)

A Hollywood s'est exercée une autocensure vigilante grâce au Code Hays qui est la liste des commandements que doivent respecter les réalisateurs (officialisé le 31 mars 1930, il tombe en désuétude à la fin des années 1950) ; il ne faut pas oublier que la censure s'exerce aussi aux Etats-Unis par l'intermédiaire de nombreux micro-pouvoirs : États, groupes religieux ou familiaux, ligues civiques ou autres... Ainsi le cinéma américain a pu devenir le plus puissant instrument de conformisme moral, esthétique et politique et être cependant, durant au moins une trentaine d'années, d'une importance extrême comme producteur de formes esthétiques.

5. Les trois alliances du docteur Mabuse

L'histoire du cinéma est indissolublement liée à celle des autres moyens d'expression et de communication, que ce soient les arts (consacrés ou populaires) ou les media. Le cinéma occupe en effet une place intermédiaire entre les deux. En tant que forme de spectacle, avant d'avoir ses propres lieux et son propre public, il lui a fallu se trouver des complices et des alliés. En tant que moyen d'expression, il a dû chercher ou adapter des modèles, d'abord parce que, exclu des systèmes esthétiques reconnus, il est à la recherche d'une promotion. Il a représenté un danger pour certains de ces moyens d'expression ou de communication avant d'être lui-même mis en danger par de nouveaux venus.

A ses débuts, le cinéma s'est adressé à un public surtout populaire. Réalisé en France par des gens d'esprit socialement anarchisant, le cinéma fut populiste ; en Grande-Bretagne, à quelques exceptions près, il fut pris en main par les classes moyennes et destiné aux ouvriers ; au Danemark, ces mêmes classes moyennes s'emparent du cinéma pour leur propre usage, de même qu'en Italie où le processus d'embourgeoisement fut accéléré, ce qui explique les progrès rapides du cinéma dans ces deux pays.

Le vaudeville

Aux Etats-Unis, le cinéma a été associé au cirque, au cabaret, au vaudeville, au *minstrel show* (spectacle dans lequel apparaissent des Blancs travestis en Noirs) ; en France au caf' conç', avant de devenir forain ; en Grande-Bretagne à la lanterne magique, et au *karagheuz* (théâtre d'ombres) dans des pays méditerranéens ; au Japon au *Kabuki* ou au *Shimpa*... L'exemple du vaudeville a été souvent étudié. Ce spectacle nouveau n'a pas de véritable tradition. Il est capable d'infinies variations et permutations. Il se caractérise par sa mobilité, la variété, une rapide succession d'images et de sensations. Il est fait d'une suite de numéros sans lien entre eux. Le vaudeville est une réponse apportée au changement radical qu'entraînent l'urbanisation et l'industrialisation. Le public américain évolue vers 1890 en raison d'une forte immigration d'origine différente de l'immigration traditionnelle. Il existe donc une analogie entre le vaudeville et le cinéma qui tient au fait que l'un comme l'autre cherchent à instaurer un rapport d'un type nouveau avec un spectateur lui-même nouveau. De fait, l'espèce de pot-pourri qu'est le vaudeville le rapproche plus de la télévision que du cinéma : comme cette dernière, il intègre des films à son dispositif. S. Daney rapproche *Citizen Kane* (1941), en tant qu'exercice stylistique, de la télévision :

> C'est bien de ce que nous appelons aujourd'hui les *medias* que Welles parle déjà. C'est penché sur leur berceau qu'il a réussi ses plus beaux coups. Ceux-ci ont longtemps appartenu à l'histoire du cinéma mais plus le temps passe, plus on comprend qu'ils représentent aussi une sorte de « droit de regard » historique d'un cinéaste — Welles, grand médiateur — sur un monde — celui des medias — qui s'éloigne du cinéma (après lui avoir fait la peau). Il suffit de voir le faux reportage sur la vie de Kane *(News on the March)* qui ouvre le film pour voir à quel point celui-ci anticipe sur les grandes nécrologies pompeuses à base de documents d'archives. Il suffit de voir la façon dont Cotten, Sloane et les autres, grimés et vieillis, sont filmés dans les interviews (avec le reporter en amorce) pour voir comment Welles anticipe aussi sur cette fringale de commémo et de « témoignages » de survivants qui font le bonheur de la radio et de la télé. Autrement dit, l'une des grandes raisons à la modernité du style de *Citizen Kane,* c'est que Welles filmait déjà avec des styles composites et selon des rhétoriques différentes, comme il le ferait pour une *chaîne*...
>
> (*Devant,* p. 87-88.)

On peut dire également que le personnage de Kane par sa biographie fait la transition entre le vaudeville et la télévision, et que Welles joue ainsi sur les deux tableaux, consciemment pour le vaudeville (le numéro chanté de la fête organisée par Kane), de façon prémonitoire pour la télévision.

Des propriétaires de salles de vaudeville inclurent parfois un film dans leur spectacle pour « boucher les trous ». Puis l'on combina vaudeville et cinéma de manière plus intime ; le premier finit par devenir l'auxiliaire du second et par disparaître. Le mélange de cirque, de cabaret et de travesti sera utilisé dans le cinéma soviétique muet pour des recherches avant-gardistes, celles d'Eisenstein au sein du Proletkult, ou celles de la F.E.K.S. de Kozintzev et Trauberg.

La presse

Le cinéma s'incorpore, bien sûr, des scénarios et des modes de représentation, il les emprunte au théâtre, au roman, aux chromos, aux images d'Epinal... Mais le premier medium moderne avec lequel il noue une alliance est la grande presse. Des feuilletons peuvent être simultanément mis en images, ou l'inverse (le film *Les Périls de Pauline* de Louis Gasnier est transformé en feuilleton dans la presse de W. R. Hearst). Des personnages passent d'un domaine dans l'autre (en France, Feuillade réalise *Fantômas,* en Allemagne, Fritz Lang le premier *Docteur Mabuse, le joueur...*). Des éditeurs de journaux lancent des concours pour que leurs lecteurs proposent des textes, des sujets, ou des conclusions à des récits en cours de publication destinés à être portés à l'écran. Les premiers films pouvaient aussi reprendre des faits divers déjà rapportés par la presse. Les bandes dessinées dans les journaux sont adaptées à l'écran. *Happy Hooligan* de Frederick Burr Opper en 1897 et *Humorous Phases of Funny Faces* (l'un des premiers dessins animés) en 1906. Winsor McCay, le créateur de *Little Nemo* qui commence à paraître en 1903 dans le *New York Herald,* réalise des films d'animation dans les années 1910, *Gertie le dinosaure, Little Nemo* et d'autres. Les alliances anciennes font retour plus tard, très consciemment. Par exemple, Fellini exprime son attachement au cirque (*Les Clowns,* 1970) et aux *fumetti.* En 1957, Godard dit son intérêt pour une bande américaine (*The Heart of Juliet Jones* de Stan Drake, 1953) paraissant sous le titre *Juliette de mon cœur :* « Il suffit de parcourir dans *France-Soir* "Juliette de mon cœur" pour s'apercevoir que le découpage de cette bande est en avance esthétiquement de pas mal d'années sur celui, par exemple, de la majorité des films français actuels. A l'intérieur d'une scène, le *changement de plan* s'y fait avec une hardiesse inventive... ». Resnais, admirateur de *Mandrake* et de *Dick Tracy,* réalise *I Want to Go Home* (1989) en collaboration avec le dessinateur Jules Feiffer, etc.

La radio et le théâtre

La seconde alliance que contracta le cinéma fut avec la radio, à la fin des années 1920 et au début des années 1930, lorsqu'il devint sonore et parlant. Fritz Lang, de nouveau, est exemplaire avec *Le Testament du Docteur Mabuse* de 1932 : dans ce film, Mabuse est mort mais il continue d'exercer son emprise par la voix alors que dans le premier film (muet) il s'impose grâce à son art du travestissement et à ses dons d'hypnotiseur. Les personnages muets dans les films parlants renvoient plus ou moins, comme l'a montré Michel Chion, à l'origine du cinéma et au « grand secret » dont ce cinéma aurait été le dépositaire. Corps sans voix, ils trouvent leur pendant dans la voix sans corps, ce que M. Chion appelle l'acousmêtre, tous étant présents dans *Le Testament du Docteur Mabuse.*

> On voit bien comment ce film part d'un Mabuse-sans-voix, venu des limbes du cinéma muet, pour aller vers un Mabuse-sans-corps, l'écrit assurant une fonction de transition, en même temps que d'éternisation du mythe. Mais on ne peut dire que Mabuse, en acquérant une voix qui est toujours celle d'un autre, chute dans le destin commun ; au contraire, dans la mesure où il a payé son immortalité du sacrifice de son corps mortel, il est toujours prêt à se perpétuer, étant comme Osiris, toujours incomplet, et modelant à chaque fois son être et son pouvoir sur les media qui lui sont contemporains.
>
> (*La Voix au cinéma,* p. 86.)

Ce pouvoir exercé par la parole n'est pas sans rappeler d'abord celui de la cantatrice sans corps du *Château des Carpates* et, bien sûr, celui de Hitler. Orson Welles, après avoir terrorisé l'Amérique en adaptant sur les ondes *La Guerre des mondes* de Herbert-George Wells, l'invasion des Martiens étant présentée comme un reportage d'actualités (1939), raconte dans *Citizen Kane* l'histoire d'un magnat de la presse, grand manipulateur de foules (comme Welles est un grand manipulateur de sons et d'images : il s'amuse à montrer au balcon Hitler et Kane réunis). Sans nul doute la réflexion de Welles sur les media est aussi politique. En 1942, avec Joseph Cotten et Rita Hayworth, il s'associe à Dalton Trumbo, John Howard Lawson, Ring Lardner, Jr. (qui figureront parmi les dix de Hollywood) et des communistes pour défendre de jeunes Mexicains accusés de meurtre alors que la presse se déchaîne contre les « pachucos ». Jean Narboni note :

> Il y a une politique, et une géographie politique de Welles. Tout de suite après *Othello,* dès *Mr Arkadin,* on sort de Xanadu, de la forteresse, du bastion, la demeure du potentat n'est plus qu'un château en Espagne visible en fond de plan, c'est l'extension planétaire, à ciel ouvert, des labyrinthes, la police des Etats, la hantise nucléaire qui n'a pas cessé de travailler Welles, de *La Dame de Shanghaï* (Hiroshima) au *Procès,* jusqu'à l'explosion apocalyptique, de son propre aveu infilmable jusqu'à ce jour, du plan final de *Don Quichotte.*
>
> (*Cahiers du Cinéma,* spécial O. Welles, p. 98.)

Figurant parmi les libéraux de Hollywood, Welles paya très cher son indépendance d'esprit et fut confiné aux Etats-Unis dans le rôle d'amuseur public.

Citizen Kane met en avant également une autre alliance nécessaire au cinéma pour maîtriser le son, celle avec le théâtre. Welles possède une solide expérience dans ce domaine et les acteurs de la troupe du Mercury Theatre se retrouvent dans ce film comme dans d'autres du réalisateur. Welles, metteur en scène de théâtre « expérimental », propose une mosaïque de voix tout à fait inédite au cinéma, alors que Broadway apporte avant tout à Hollywood des recettes, un appareillage technique et une matière première conventionnelle (des pièces et des acteurs).

La télévision

Fritz Lang a réalisé un troisième docteur Mabuse, *Le Diabolique docteur Mabuse* (1960) dans lequel son personnage surveille, par l'intermédiaire d'écrans de contrôle, ce qui se passe dans toutes les chambres de l'hôtel Louqsor. Lang fait partie de ces metteurs en scène qui ont très bien compris par avance ce que serait la nature du medium conquérant qui s'annonçait : cela se vérifie dans *Un Roi à New York* de Chaplin, mais aussi :

> chez Rossellini (le premier grand reporter-voyageur : *Allemagne année zéro*), chez Tati (le premier grand reporter sportif : *Jour de fête*), chez Bresson (le premier grand meneur de jeux-dispositifs sadiques : *Pickpocket*). Et même chez le vieux Renoir (le premier à tourner avec plusieurs caméras, pour la télévision : *Le Testament du docteur Cordelier*). Et, bien sûr, chez le vieux Lang-Mabuse, le premier chef de régie vidéo-paranoïaque. Ils ont tous, de près ou de loin, le sachant ou pas, anticipé sur ce qui devait être l'ordinaire de la télévision.
>
> (S. Daney, *Ciné,* p. 69-70.)

Ils ont tous très bien compris, ou anticipé, quel type de pouvoir s'exercerait dans nos sociétés. La leçon à tirer de la confrontation du cinéma avec les media qui lui ont été contemporains est qu'il a toujours été quelque chose de plus qu'eux (une forme d'art et un exercice de la pensée), et que sa présence à leurs côtés permet de les envisager d'un point de vue critique, pour ne pas dire du point de vue d'une éthique.

6. Une voie critique

Si le cinéma peut servir d'arme de propagande aux divers pouvoirs en place, il peut tout aussi bien jouer une fonction d'éveil et d'agitation. La grande période de ce cinéma « critique » fut celle des années 1930. En Allemagne, la puissance des partis de gauche, et, en France, la victoire du Front populaire facilitèrent la réalisation de *L'Enfer des pauvres* de Piel Jutzi (1929) et de *Ventres glacés (Kuhle Wampe)* de Bertolt Brecht et Slatan Dudow (1932) dans le premier de ces pays, et de *La Vie est à nous* (1936) et *La Marseillaise* (1939) de Jean Renoir dans le second. En Angleterre et aux Etats-Unis, où aucune organisation politique d'importance ne pouvait jouer le rôle du parti communiste, des films « différents » furent réalisés avec encore plus de difficultés. La gauche hollywoodienne a à son actif quelques œuvres comme *Way Down*

South (1939) de Bernard Vorhaus ou *Force of Evil* (1948) d'Abraham Polonsky. Dans le cadre du groupe *Frontier Films,* des hommes comme Hernert Kline, Paul Strand, Pare Lorentz ou Leo Hurwitz tournèrent *The Plow That Broke The Plains* (1936) et *Native Land* (1942), et Elia Kazan, *People of the Cumberland* (1938). L'influence du cinéma soviétique y était évidente. Avant *Frontier Film,* les cinéastes américains avaient constitué une association nommée *Nykino* (Ny = New York) et le cinéaste hollandais Joris Ivens dynamisa le groupe. Il avait réalisé plusieurs films (entre autres, *Borinage,* 1933) dont certains avaient impressionné le metteur en scène soviétique Poudovkine. Dans cette catégorie des films « critiques » ou « engagés », il faut sans doute faire entrer l'œuvre mal connue du cinéaste noir Oscar Micheaux, qui s'étend de 1918 à 1948 ; mais c'est aujourd'hui seulement qu'elle revêt, après coup, une valeur de document social et qu'elle apparaît comme préfigurant celles des réalisateurs noirs contemporains comme Spike Lee.

Les films « engagés » ont toujours eu besoin d'une organisation pour pouvoir exister, et ils ont toujours pâti des questions matérielles et des urgences. C'est pourquoi leur histoire est sporadique et malheureuse. L'un des derniers exemples est l'échec de l'expérience au Mozambique de Jean-Luc Godard. Le problème de tous les cinémas « critiques » est celui de la forme : soit cette préoccupation est étouffante (ce fut le cas dans les années 1970 en Europe), soit elle est par trop absente. De plus, le « poids » des images disparaît souvent assez vite, passée l'émotion du moment. Certaines de ces œuvres restent pourtant belles à travers le temps : *L'Espoir* (1939) d'André Malraux, *Harlan County, U.S.A.* (1973) de Barbara Kopple, ou certains films de cinéastes latino-américains : des Brésiliens (Glauber Rocha, *Le Dieu noir et le Diable blanc,* 1964, Nelson Pereira dos Santos, Carlos Diegues), des Argentins (Fernando Solanas et Ottavio Getino, *L'Heure des brasiers,* 1968), des Boliviens (Jorge Sanjines, *Le Sang du condor,* 1969) ou des Cubains (Tomas Guterriez Alea, Santiago Alvarez).

Après *Le Rendez-vous des quais* (1953) de Paul Carpita, interdit plus de trente-cinq ans, on ne voit aujourd'hui que le travail critique du couple Jean-Marie Straub-Danièle Huillet (*Fortini/Cani,* 1977, *Non réconciliés,* 1965, *De la nuée à la résistance,* 1979), poursuivi obstinément dans une austérité sophistiquée depuis plus de vingt ans, et l'œuvre de Nanni Moretti, tout particulièrement *Palombella Rossa* (1989), seul film à s'être interrogé jusqu'ici sur la disparition d'une forme de communisme.

7. Le cinéma et la guerre

La guerre a souvent été proposée comme un modèle possible pour une conception de la mise en scène cinématographique. Samuel Fuller, interrogé par Pierrot-Ferdinand dans *Pierrot le fou* (1965) sur ce qu'est le cinéma, répond : « *a battleground* », un champ de bataille. Bien sûr, il l'entend métaphoriquement, mais certains tournages révèlent que des réalisateurs adoptent volontiers la posture de chefs d'armée, exerçant sur leurs troupes des pouvoirs discrétionnaires, demandant à être obéis au doigt et à l'œil, et un cinéma commercial à grand spectacle, comme la guerre, détruit les objets sans compter (voitures, décors dispendieux volatilisés...), etc. Inversement, la guerre pourra être conçue comme la mise en scène d'un grand film *live,* où l'on tue « pour de vrai ». Pendant la première guerre mondiale, D.W. Griffith fut envoyé sur le front français pour réaliser un film de propagande, *Hearts of the World* (1918) ; il le tournera en grande partie en Angleterre et aux Etats-Unis, ne trouvant pas le champ de bataille suffisamment spectaculaire. Cette guerre a eu une autre conséquence, économique celle-ci, qui justifie la formule de la scénariste et romancière Anita Loos : « J'attribue l'origine de Hollywood à la première guerre mondiale. » Henri Langlois constate en effet que la guerre :

> démantelait la production cinématographique européenne basée sur la liberté des échanges internationaux. On assista alors à un véritable transfert : que ce soit volontairement ou malgré eux, les maîtres de la cinématographie française changent la place de leurs pions, et les succursales américaines des sociétés françaises priment les maisons mères. Pathé Exchange fournit Paris au lieu d'être fourni par Paris. Le centre de la production passe de la France

aux U.S.A. Cet immense transfert d'actions, qui a lieu en 1914-1915, va assurer pour des années la prédominance de la production américaine. Les plus grands metteurs en scène français, à l'exception de Feuillade, passent aux Etats-Unis : *Les Mystères de New York* sont dus à Louis Gasnier, Max Linder va y tourner ses derniers chefs-d'œuvre. Les plus grandes stars américaines : Nazimova, Mary Pickford, Mae Murray ont pour metteurs en scène Maurice Tourneur, Capellani, Léonce Perret. (...) Parallèlement, Paris voit se multiplier les films américains distribués par les grandes sociétés à court de production. Et quand la guerre s'achèvera, on s'apercevra que la grande machine industrielle et économique du cinéma ne sera plus Paris mais Hollywood.

(*Trois cents ans de cinéma,* p. 28.)

Le cinéma allemand de l'entre-deux-guerres

La seconde guerre mondiale est, elle aussi, édifiante. D'abord par ce qui la prépare en Allemagne. Il faut remonter aux années de la république de Weimar (1918-1925). Cette période commence dans le sang par la répression du mouvement spartakiste, l'assassinat de Rosa Luxembourg et de Karl Liebknecht. Novembre 1918, c'est donc l'insurrection de Berlin et la signature de l'armistice avec les alliés, l'abdication du Kaiser Guillaume II et la nomination du social-démocrate Ebert comme chancelier. Juin 1919, la signature du traité de Versailles signifie pour les Allemands la défaite et une série d'humiliations. Le 11 août 1919 est adoptée la constitution de Weimar qui dote l'Allemagne d'une démocratie parlementaire, très tôt menacée puisque, dès mars 1920, l'extrême-droite nationaliste tente un putsch. Le gouvernement est sauvé par une grève générale. L'année 1923, la République achève de se déconsidérer : l'assassinat politique est devenu monnaie courante, l'occupation de la Ruhr et l'inflation accumulent rancœurs, espoirs déçus, faillites et misère. La crise monétaire ruine toutes les couches de la population, à l'exception du grand patronat. L'inflation, en effet, favorise dans l'industrie les regroupements et assure la richesse et la puissance de quelques-uns. L'industrie du film bénéficie de cette situation. Paradoxalement, l'inflation permet la réalisation de films coûteux et leur augmentation. Le chômage offre les avantages d'une main-d'œuvre bon marché et les capitalistes spéculent sur tout ce qui peut être vendu à l'étranger et rapporter des dollars ; tout film exporté est une source de revenus considérable. D'où la nécessité pour l'Allemagne de trouver une ouverture sur le marché américain. Ces années sont marquées par la domination d'une firme, la Ufa. Constituée en novembre 1917, elle contrôle en mai 1919 pratiquement la moitié des salles d'exploitation. Elle devient spécialiste des grandes mises en scène spectaculaires. Face à elle, il y a la Decla-Bioscop de Erich Pommer, créée en juillet 1920 (cette firme soutient les recherches dites « expressionnistes »), la Deulig et une poussière de petites firmes qui voient le jour entre 1919 et 1922. La Deulig contracte alliance avec la Ufa en 1920, avant la Decla-Bioscop en novembre 1921. En 1923, Erich Pommer est chargé de l'ensemble de la production. Le 24 septembre 1923, la Ufa présente le premier film parlant réalisé au moyen du procédé « Licht Tonfilm-Verfahren Tri-Ergon ». Ce fut un échec, mais qui témoigne que, techniquement, l'Allemagne n'est pas en retard sur les Etats-Unis. En 1925, les studios de Tempelhoff sont reconstruits et un nouveau groupe de conception ultramoderne est mis en chantier à Neubabelsberg.

Le succès des films allemands aux Etats-Unis a pour conséquence en 1926 le départ d'un certain nombre d'hommes qui comptent parmi les plus brillants éléments du cinéma allemand (les acteurs Emil Jannings, Conrad Veidt, Lya De Putti, les réalisateurs F.W. Murnau, Ewald André Dupont...). Déjà Ernst Lubitsch, Pola Negri et quelques autres avaient donné l'exemple, et d'autres suivront peu d'années après, avec des soucis plus urgents. Siegfried Kracauer, dans un ouvrage célèbre, *De Caligari à Hitler,* développe l'hypothèse que *Le Cabinet du docteur Caligari* serait un film, le premier, symptomatique d'un courant conduisant à l'avènement de Hitler. Le but que se propose Kracauer est clair : au-delà de l'histoire manifeste des changements économiques, des exigences sociales et des machinations politiques, il y a une histoire plus secrète qui implique les dispositions intérieures du peuple allemand. Kracauer entend par « esprit allemand » l'état d'esprit des classes moyennes que la banqueroute de l'Etat a ruinées (ancienne bourgeoisie désargentée, petits industriels et petits commerçants, fonctionnaires et employés, retraités, rentiers, enseignants, membres des professions libérales, militaires sans emploi...) et qui conçoivent un violent ressentiment à l'encontre des communistes et des alliés. Une grande partie de cette population donne une assise aux partis nationalistes et anticommunistes, à l'extrême-droite nazie. Kracauer ne dit pas pourquoi le cinéma allemand serait l'expression de cette classe-ci plutôt que d'une autre. En interprétant le cinéma allemand de l'époque comme une sorte de « monologue intérieur » des classes moyennes, même s'il le fait de manière mécaniste (il est toujours aisé, après coup, de découvrir des signes précurseurs d'un événement qui a eu lieu), il a le mérite d'attirer l'attention sur le fait qu'il s'est joué alors quelque chose d'essentiel entre nazisme et cinéma. Walter Benjamin, dix ans avant lui, en 1936, avait déjà formulé cette idée d'une manière très intéressante : la politique, avec Hitler, devient « art » et plus exactement mise en scène d'Etat sur le modèle cinématographique. Les événements à venir allaient confirmer ce point de vue.

La mise en scène nazie

Hitler, comme son entourage, est, paraît-il, fasciné par le cinéma hollywoodien. Mais les nazis aiment moins *Ventres glacés* qu'ils interdisent. Fritz Lang sollicité refuse de devenir le maître du cinéma qui se prépare et s'exile. Hitler fait appel à Leni Riefenstahl pour filmer le congrès du parti national-socialiste à Nuremberg. L'événement est organisé « en fonction de la caméra », selon la cinéaste elle-même. L'architecte Albert Speer est chargé d'édifier les décors de la « superproduction politique » du Führer :

> Lorsqu'Hitler lui demande de concevoir la perspective gigantesque du grand champ de rassemblement Zeppelinfeld à Nuremberg, il remplace les colonnes de pierre de ses esquisses initiales par les colonnes de lumière de 150 projecteurs de DCA braqués vers le ciel, donnant ainsi au public l'impression de se trouver dans une salle de représentation hypostyle de 6000 mètres

sous plafond, destinée à se dissiper dans l'espace aux premières lueurs de l'aube.

(Paul Virilio, *Logistique de la perception,* p. 101.)

Gilles Deleuze écrit :

... « les grandes mises en scène politiques, les propagandes d'Etat devenues tableaux vivants, les premières manutentions humaines de masse » ont réalisé le rêve cinématographique, dans des conditions où l'horreur pénétrait le tout, où « derrière » l'image il n'y avait plus rien à voir que les camps, et où les corps n'avaient plus d'autre enchaînement que les supplices. (...) Le fascisme, jusqu'au bout, s'est vécu en concurrence avec Hollywood. L'encyclopédie du monde, l'embellissement de la Nature, la politique comme « art », suivant l'expression de Benjamin, étaient devenus l'horreur pure. Le tout organique n'était plus que totalitarisme, et le pouvoir d'autorité ne révélait plus un auteur ou un metteur en scène, mais la réalisation de Caligari et de Mabuse.

(Préface à *Ciné,* p. 5-6.)

Le modèle américain fascine aussi les Italiens qui voudraient bien transplanter Hollywood chez eux (Cinecittà est l'aboutissement de ce vœu, 1935-1937) : l'un des fils du Duce, Vittorio Mussolini, a négocié avec Hal Roach la constitution d'une compagnie italo-américaine dans le but d'adapter à l'écran les chefs-d'œuvre de l'opéra. De fait, Hitler a payé sa dette à Hollywood en lui faisant don de quelques-uns de ses meilleurs artisans ou artistes (Peter Lorre, Luise Rainer, Franz Waxman, Fritz Lang, William Dieterle, Bertolt Brecht...) et en lui fournissant avec la guerre des scénarios. Jean-Luc Godard a pu aller jusqu'à dire : « Ils ont exploité ça comme une mine de scénarios. En principe, il n'y a pas de droits d'auteur ; enfin ils devraient payer des droits à Himmler ou à Martin Bormann aujourd'hui en Argentine » (*Introduction,* p. 249-250). Le logo de la XXth Century Fox montre une architecture de lumière assez semblable aux réalisations d'Albert Speer, et les Américains mènent à leur achèvement des projets du régime hitlérien (la bombe atomique, la télévision). « Il n'est aucun document de culture qui ne soit aussi document de barbarie » (Walter Benjamin).

Hollywood pendant la guerre

Dès 1942, l'industrie américaine s'est orientée pour produire vingt-quatre heures sur vingt-quatre, et toute l'économie est centrée sur l'effort de guerre, d'où de nombreuses restrictions (journaux réduits, essence rationnée, pas de voitures neuves, pas de disques). Le cinéma devient la seule distraction. De nombreuses salles demeurent ouvertes en permanence, le travail continu en trois équipes quotidiennes fournissant un public à toute heure du jour et de la nuit dans les villes industrielles. La production hollywoodienne reste donc abondante pendant la guerre. Elle est composée principalement de films à petit budget et de pur divertissement ; l'interdiction des enregistrements explique la fréquence des scènes musicales, des chanteurs et des orchestres de jazz, même dans les films qui ne sont pas de vrais *musicals*. Hollywood produit aussi des bandes patriotiques antinazies, et des films de guerre exaltant le courage des troupes américaines. « La production cinématographique était suivie avec attention par le Haut-Commandement militaire, quand le Pentagone lui-même ne devenait pas directement producteur et exploitant de films de propagande » (Paul Virilio, *Logistique de la perception,* p. 12). Des cinéastes comme Frank Capra, John Huston, John Ford, William Wyler réalisent alors des documentaires pour l'armée américaine qui a, comme l'allemande, des cinéastes accompagnant les troupes (chaque régiment de la Wehrmacht possède sa compagnie de propagande coordonnant cinéma et armée). George Stevens filme l'ouverture du camp de Dachau *(D Day to Berlin)* et garde ces images d'un réel que Samuel Fuller n'osera mettre en scène que dans *The Big Red One* (1980). Entre ce film document et ce film de fiction, prennent place *La Passagère* (1963) d'Andrzej Munk et auparavant *Nuit et Brouillard* (1955) d'Alain Resnais, avec un commentaire écrit par Jean Cayrol. Serge Daney écrit :

> Au tournant des années soixante, Resnais a été mieux qu'un bon cinéaste : un sismographe. Il lui est arrivé cette chose terrible de capter l'événement fondateur de la modernité : qu'au cinéma comme ailleurs, il faudrait compter

avec un personnage de plus : l'espèce humaine. Or ce personnage venait d'être nié (les camps de concentration), atomisé (la bombe), diminué (la torture), et le cinéma traditionnel était bien incapable de « rendre » cela. Il fallait trouver une forme. Ce fut Resnais.

(*Ciné,* p. 164.)

Le cinéma apparaît dès lors comme le seul art « capable de se tenir avec dignité *au niveau* d'un tel événement, d'informer et de former » (*Devant,* p. 132). A la fin de la première de *Rome, ville ouverte,* de Rossellini, à Paris, et après la scène de torture sur laquelle s'achève le film, le critique André Bazin, qui mène le débat devant un public composé d'anciens résistants et de prisonniers de guerre, et qui vient de découvrir cette œuvre, parle de façon incompréhensible et ne peut articuler correctement le mot « cinéma ».

8. Le cinéma après la seconde guerre mondiale

Les cinémas de la mauvaise conscience

Contre Hitler, à un moment, qui exagérait... bon, eh bien les gens faisaient la même chose chez eux... Churchill faisait la même chose dans les colonies anglaises et les Français de même ailleurs... Du reste, dès que Hitler a été liquidé, ils n'ont eu qu'une envie, ils sont tout de suite allés recommencer dans d'autres endroits. Mais Hitler au moins il était plus franc, il le faisait chez lui...

(Jean-Luc Godard, *Introduction,* p. 181.)

Godard reprend ici l'interprétation d'Aimé Césaire dans son *Discours sur le colonialisme,* qui voit dans le nazisme l'application à l'Europe des méthodes coloniales.

Le cinéma européen après la guerre expose une série de mauvaises consciences, toutes originales.

Les **Allemands** poursuivent les innocentes « comédies tyroliennes de la fin du cinéma nazi, avec chalets, Agfacolor, ingénues modernes et profs de ski bons aryens » (S. Daney, *Devant,* p. 86), et proposent la série des Sissi. Deux films tranchent sur ce fond : *Les Assassins sont parmi nous* (1946) de Wolfgang Staudte et *Plus fort que la nuit* (1954) de Slatan Dudow. Il faut attendre la fin des annés 1960 pour que le cinéma allemand redevienne présentable (Alexander Kluge, Rainer W. Fassbinder, Wim Wenders, Hans-Jürgen Syberberg...).

Le cinéma **français,** lui, « souffre d'un déficit de mémoire tout à fait exceptionnel. (...) D'où qu'il traîne comme un boulet qui n'est qu'à lui, une "crise du scénario" qui n'est jamais qu'un bout d'histoire de France mal digérée, le passé (collaboration, épuration, guerres coloniales : beaucoup de bassesses) n'est pas passé » (S. Daney, *Devant,* p. 181). Aidé par la censure (*Les statues meurent aussi* d'Alain Resnais et Chris Marker, 1953, *Morambong* de Jean-Claude Bonnardot, 1958, *La Religieuse* de Jacques Rivette, 1966, entre autres, furent interdits), il n'a jamais su traiter des moments importants de l'Histoire de France (comme la Commune de Paris, par exemple — sorte de scène originaire, Zecca ayant assisté terrifié et muet aux exécutions accomplies par les Versaillais), à de rares exceptions dont celle de Jean Renoir avec *La Marseillaise.* « Je pensais au bon peuple de France qui n'avait jamais eu le courage de nous dire qu'il avait aimé les films allemands sous l'Occupation et qui, plus tard, avait fait de Romy, fille de Magda, son refoulé teuton » (*Devant,* p. 86). Le cinéma français n'a jamais été plus florissant que sous l'occupation :

> La qualité France n'a commencé à briller qu'au moment où la France, pays vaincu, collabo, épuré et convalescent, manquait un peu de qualité [...] *Les Enfants du Paradis,* c'est seulement ce qu'un pays occupé peut produire de mieux, avec sa fuite vers le décor, vers le passé, vers la galerie d'acteurs et les « beaux métiers du cinéma ». Vers un art collectif voué au portrait de groupe et aux nostalgies indicibles (quoi de plus « innocent » que les enfants et le paradis ?) (*id.,* p. 155, 183).

René Clément réalise cependant *La Bataille du rail* (1945) sur la résistance des cheminots, et Jean-Paul Le Chanois *Au cœur de l'orage* (1948), sur les maquis du Vercors.

Le néo-réalisme

L'**Italie** connut à l'époque fasciste des films pseudo-historiques, des calligraphes (comme *Malombra* de Mario Soldati, 1942), le genre « des téléphones blancs » : « ''L'absentéisme'' qui caractérise, sinon toujours définit, cet art, se retrouvera dans le cinéma français de l'occupation, son côté ''cathare'', son platonisme, son caractère intemporel. Parfaite confirmation de ce que l'intelligentsia italienne subissait et vivait comme une ''occupation'' de l'intérieur » (Barthélemy Amengual, « D'une résistance l'autre », in *Etudes cinématographiques* n°s 82-83, 1976, p. 65). Jean-Luc Godard propose du cinéma italien à la sortie de la guerre, une interprétation cruelle :

> Pourquoi les Italiens ont-ils été les seuls à faire des films de résistance et, ce faisant, ont changé la façon de voir le cinéma des gens ? (...) Alors qu'on pourrait se dire que, étant donné que c'est le peuple qui a le moins résisté, qui a cédé à ses ennemis, que ça aurait dû être les Yougoslaves, les Russes un peu, ou les Polonais — bon, les Polonais ont fait un bon film de guerre sur les camps de concentration, celui de Munk, mais c'était le film d'une individualité. Les Français en ont fait un ou deux, à part ça zéro absolu, ils ont recommencé après à faire les petites comédies qui se faisaient sous Vichy. Donc, les Italiens. Cela s'explique : ils n'étaient rien, (...) et il fallait bien qu'ils existent, il fallait bien qu'il y ait ce truc inavouable qui s'appelle l'image. L'Italie il lui restait à s'accrocher à une image, mais à la faire cette image. « Regardez, nous, les Italiens, ce n'est pas Mussolini, c'est *Rome ville ouverte,* ce n'est pas l'Abyssinie ».
>
> (*Godard par Godard,* p. 511.)

Ce point de vue apparemment provocateur (Michel Tournier a écrit qu'il a suffi de *Rome ville ouverte* pour que les Italiens soient persuadés d'être tous des résistants) n'est pas dénué de fondement. La résistance en Italie ne deviendra militaire qu'à partir de la chute de Mussolini (juillet 1943). Elle a revêtu d'abord l'aspect d'un phénomène culturel, celui d'une résistance idéologique par une ouverture à l'étranger, notamment par la traduction des romans américains (Cesare Pavese, par exemple, traduit Melville, Dos Passos, Steinbeck, Sherwood Anderson...). L'Union soviétique n'a pas été seule à représenter une forme d'espoir. Les Etats-Unis ont joué ce rôle en Europe, à l'époque fasciste, devenant ainsi une sorte de continent quasi mythique ; ce rêve américain a aussi bien touché la France et a entraîné une valorisation des produits culturels venus d'outre-Atlantique, dont le cinéma. En Italie, il a permis « une prise de conscience qui, de par son objet exotique, put se poursuivre au grand jour » (B. Amengual). Le premier film de Luchino Visconti, *Ossessione* (1942), est une adaptation du roman de James Cain, *Le facteur sonne toujours deux fois* (s'y ressent également l'influence du Renoir de *Toni* [1934], film pour lequel Visconti fut assistant-réalisateur.) Quelques années après, *La terre tremble* (1948) du même réalisateur est plus « soviétique », tout en prenant place dans la tradition du romancier Giovanni Verga. En effet, après 1945, le cinéma italien est écartelé entre ces deux sources d'inspiration, dont l'une (métaphysique et « théologique ») l'emportera sous la pression des événements et le climat de la guerre froide. *Chasse tragique* (1947) de Giuseppe De Santis, ou *Le soleil se lèvera encore* (1947) de Aldo Vergano sont plutôt sur le versant soviétique alors que les films de Rossellini (*Paisà,* 1946, *Rome ville ouverte,* 1947), sont sur le versant américain.

On a défini le néo-réalisme, puisque tel est le nom donné à ce mouvement d'après-guerre, par la qualité documentaire de l'image, par son accent de vérité, et par ses méthodes pour atteindre à cette spontanéité du réel : l'improvisation (le refus du découpage), les acteurs pris dans la rue, le thème de l'errance, les décors naturels, un montage narratif inspiré des conceptions de V. Poudovkine. Il y eut deux courants : l'un politique (Luchino Visconti, Carlo Lizzani, Pietro Germi, Luigi Zampa, Giuseppe De Santis) et un autre que l'on dira à la suite de Jean-Claude Biette « néo-chrétien » — il est celui qui a eu le plus d'influence visible, surtout en France en la personne de Roberto Rossellini qui, après avoir travaillé pour le régime mussolinien et avoir réalisé *le* film historique sur la résistance, a opéré le détournement métaphysique du néo-réalisme : « Dans les films de Rossellini, les longues séquences font attendre une délivrance qu'on peut appeler indifféremment Dieu, le sentiment réconcilié de la vie, la confiance totale dans la communication » (*Poétique,* p. 120). Pascal Bonitzer a très bien dit que

> l'art de Rosselini c'est, en feignant de descendre humblement au niveau des choses, en feignant de les « laisser-être » (…), de faire surgir au milieu d'elles l'événement miraculeux, la pointe de la grâce ou de la providence (…). Le réalisme rossellinien n'a de sens que si la réalité est miraculée. Dès qu'il cesse de faire vibrer cette corde, il tombe dans le didactisme, dans la pédagogie historique.
>
> (*Le Champ aveugle,* p. 130).

Hollywood, une ville tentaculaire

Dans le même temps, l'emprise totalitaire de Hollywood (« C'est une idée très totalitaire qu'un film doit être vu par tout le monde », dit Godard, *Introduction,* p. 188) est désormais évidente. La venue du cinéma parlant assure l'hégémonie des Etats-Unis qui imposent leurs histoires, leur mode de représentation, leurs normes économiques, leur langue pour finir. Au début du parlant, les *Majors* pour occuper les marchés étrangers réalisent des versions « parallèles » des films qu'ils veulent exporter (en suédois, en allemand, en français, etc.). Les décors et les acteurs principaux peuvent être les mêmes, mais pas nécessairement. Cette hégémonie hollywoodienne se marque surtout par le contrôle financier de la plupart des productions européennes et par l'invasion des marchés de ces pays. L'exemple de la France est caractéristique. En 1947, cent quarante-cinq films américains sont projetés en France et seulement soixante-douze films français sont produits (entre 1947 et 1957, cent neuf films en moyenne sont produits annuellement). Les interventions de l'Etat (mesures de contingentement, politique de coproduction avec d'autres pays européens à partir de 1949) ne peuvent corriger les conséquences des lois du marché. Godard remarque :

> Il y a eu le plan Margenthau — qui a aidé l'Allemagne à se refaire — comme il y a eu le plan Marshall après la guerre. Mais dans le plan Marshall, ce qui arrive toujours en début, c'est le cinéma ; le cinéma qui est, sous une forme culturelle, la patte blanche de l'industrie capitaliste. Toujours dès

> qu'il y a des accords... dans tous les accords avec la Chine, les premiers accords c'était des échanges culturels (...). Alors, par exemple, ce qui a ruiné le cinéma français, ce sont les accords Blum-Byrnes avec les histoires de quotas.
>
> (*Introduction,* p. 219.)

Par « patte blanche », Godard veut signifier aussi qu'aux Etats-Unis l'industrie cinématographique sert à « blanchir » de l'argent inavouable, et il dénonce dans la personne de Howard Hughes le lien entre la mafia, le Pentagone et Hollywood. Cette hégémonie d'un pays se fait sentir encore plus fort (si possible) à la fin de ce siècle où le cinéma est partout en crise (moins dans ses frontières à cause de sa puissance économique et de la vitesse acquise). Sa véritable puissance consiste à la fois à arroser de bombes (sans jamais avoir à en recevoir) des pays exotiques et à exposer les états d'âme que lui causent les guerres qu'il entreprend : ainsi le conflit n'a d'existence que vu d'un seul côté, l'adversaire étant proprement réduit à néant de tous les points de vue. La série de films consacrés au Viêt-nam est là-dessus caractéristique (*Voyage au bout de l'enfer,* 1978, de Michael Cimino). La guerre est partout sur les écrans, explique S. Daney,

> parce que le film de guerre est traditionnellement le banc d'essai des nouveautés technologiques (comme le son dolby qui transforme le spectateur en cobaye hébété). Elle revient surtout parce que dans ce monde où le cinéma, face à la télévision, a perdu la guerre, les Américains ne veulent pas perdre la bataille du cinéma. Les titres sont éloquents. *Star Wars, Apocalypse Now, Raiders of The Lost Ark* [respectivement de George Lucas, Francis Ford Coppola, Steven Spielbeg]. Une fois de plus, le film du réel et l'art de détruire ce réel ont partie liée. De quoi frémir.
>
> (*Ciné,* p. 42.)

Esthétiquement, les résultats sont dramatiques. « Le cinéma n'est plus assez divers. Le triomphe mondial du modèle télé-film-à-l'américaine a laissé peu de chances à d'autres dispositifs d'images et de sons » (*id.,* p. 75). Le cinéma pornographique lui-même peut être interprété par Barthélemy Amengual comme un signe de l'hégémonie hollywoodienne :

Nouveau cinéaste
- Francis Ford Coppola
- Brian de Palma Steven Spielberg
- Terrence Malick Martin Scorsese
- George Lukas
→ avec nouveau acteur

L'irréalité foncière du « bonheur » américain investit outrageusement l'univers du porno. Comme si l'idéalisme évanescent et désincarné d'un cinéma sentimental entièrement sublimé — nirvana du cœur —, s'était déposé sans contradictions ni métamorphoses sur le réalisme physique d'un cinéma uniquement et agressivement charnel — nirvana du sexe. (...) Monde sans laideur, sans disgrâces physiques ni psychiques, où les servitudes biologiques sont récupérées comme sources de plaisirs pervers (au lieu d'être désaliénées, réhabilitées en raison de leur nécessité), où la seule félicité imaginable tient dans un coït sans limites, où tout mâle et toute femelle, a fortiori tout ambisexué, se trouve toujours prêt à partir au premier signal et décolle à la première étincelle ; monde sans échecs, ni lenteurs, ni retombées, ni asynchronie, où n'importe quelle action sur n'importe quelle zone réputée érogène jette immédiatement dans des extases infinies.

(Barthélemy Amengual,
« Du cinéma porno comme rédemption de la réalité physique »,
in *Cinéma d'aujourd'hui*, n° 4, hiver 1975-76, p. 32).

Un film comme *Sailor et Lula* (David Lynch, 1990) donne à apprécier l'ouverture de compas vertigineuse entre deux imaginaires qui cependant cohabitent : un rêve fade d'une part (la référence qui court tout au long est celle d'un autre film, rituel des fêtes de fin d'année aux Etats-Unis, *Le Magicien d'Oz* [Victor Fleming, 1939] ; les romances d'Elvis Presley complètent cet univers) et, d'autre part, une violence incontrôlée, dévastatrice et criminelle (incarnée par des personnages faibles d'esprit ou psychopathes).

Il n'est donc pas étonnant que, face à cette présence écrasante du cinéma américain sur les écrans d'une grande partie du monde, ceux qui rêvent d'un cinéma d'une autre sorte, « un cinéma-opéra qui nous change de l'opérette américaine » (S. Daney), en particulier dans les pays humiliés ou exploités, mais aussi aux Etats-Unis mêmes, cherchent des références dans tout ce qui peut lui faire front, oubliant parfois les formes d'excellence qu'il a pu offrir.

3

ECLATS

Et de l'éponge verte d'un seul arbre le ciel
tire son suc violet

Saint-John Perse, *Anabase VII*

1. HISTOIRE ET TECHNIQUES

Le cinéma peut susciter deux types d'histoire, l'une sensible à tous les détails, l'autre ne discernant que les grandes masses. Selon cette dernière rien n'a changé et, selon la première, tout change très vite. Mais où situer le changement ? L'existence de données techniques ne peut être ignorée ; elle ne doit pas être surestimée du point de vue auquel nous nous plaçons. La plupart des innovations techniques étaient, on le sait, réalisées dès le début du siècle.

On pouvait voir à l'Exposition de 1900 des tentatives de cinéma sonore, colorié, stéréoscopique, sur grand écran, sur film large, sans oublier le cinéorama de Grimoin-Sanson qui reconstituait le champ horizontal à l'aide de dix projecteurs 70 mm disposés en étoile. Dès 1894, un appareil Edison (le kinétophone) lie le son aux images. Dès 1908, un procédé bichrome additif est mis au point. Dès la fin des années 1920, les grands écrans (notamment le 70 mm) font l'objet d'une exploitation (vite interrompue) aux Etats-Unis. Dès 1931, est inventée la première caméra de télévision. Dès 1935, Louis Lumière présente un procédé de cinéma en relief. La mise en application effective de la plupart de ces innovations n'est pas déterminante pour l'histoire des formes cinématographiques.

Le fait qu'existent aujourd'hui des pellicules 400 Asa et que dans les trente premières années du cinéma les réalisateurs et les opérateurs ne disposaient que de pellicules noir et blanc tirant de 10 à 20 Asa n'a rien changé fondamentalement, sinon dans les méthodes de travail, de même en ce qui concerne la mise au point du système de visée reflex (début des années 1940), la *dolly* (1944), la *steadicam* ou la *louma*. Le passage (vers le milieu des années 1920) de la pellicule orthochromatique insensible aux tons chauds à la pellicule panchromatique capable de rendre toutes les nuances de noir, de blanc et de gris accompagne et facilite l'accomplissement d'une forme qu'on a qualifiée de « classique » à Hollywood. L'apparition des premières caméras légères 16 mm (et à son synchrone) à la fin des années 1950 a permis le développement d'un mouvement documentariste qui influencera certains cinéastes de la Nouvelle Vague mais on peut se demander lequel est à l'origine de l'autre. Le zoom, qui date de 1962, a été perçu tantôt comme favorisant la venue d'une nouvelle forme de cinéma (le cinéma de poésie selon Pasolini), tantôt comme l'un des instruments de la perte du cinéma :

> Le zoom est devenu la forme à travers laquelle nous appréhendons l'espace. C'est un certain Frank G. Back qui l'inventa pour filmer le sport à la télé. C'est Rossellini (pas par hasard) qui en fit le premier un usage systématique. Le zoom n'est plus un art de l'approche mais une gymnastique comparable à celle du boxeur qui danse pour ne pas rencontrer l'adversaire. Le travelling véhiculait du désir, le zoom diffuse de la phobie. Le zoom n'a rien à voir avec le regard, c'est une façon de toucher avec l'œil. Toute une scénographie, faite de jeux entre la figure et le fond, devient incompréhensible.
>
> (S. Daney, *Ciné,* p. 71.)

Les grands écrans (le premier film en Cinémascope, *La Tunique* de Henry Koster, date de 1953, la Vistavision de 1954, le Todd AO 70 mm de 1955) ne font que soulever rétrospectivement deux problèmes cruciaux jamais réglés : celui de la diffusion (dans les salles et à la télévision : en résumé, un mépris constant des œuvres et des spectateurs) et celui du format variable, revendication légitime d'artiste qu'Abel Gance a manifestée en 1927 pour *Napoléon* en lui donnant une solution, celle du triple écran. Restent la couleur et le son.

Le 6 octobre 1927, jour de la présentation à New York du *Chanteur de Jazz,* d'Alan Crosland, est la date généralement retenue pour le début du **cinéma sonore et parlant.** En réalité, les premiers films sonores et parlants (ou chantants) sont bien antérieurs. Selon Michel Chion, le cinéma muet devrait être plus justement appelé le cinéma « sourd ». Les premiers spectateurs furent émerveillés par la « participation bénévole de la nature » (« la mer et son ressac, les feuillages que le vent agite, le passage d'un insecte... ») et par le fait que tout cela bougeait sans bruit. Un certain nombre de procédés furent utilisés pour pallier ce manque : montrer la source du son en gros plan de façon répétitive (le gros plan signifiant « voici du son »), montrer des objets qui se mettent à vibrer... Le pianiste ou un autre employé pouvait pourvoir, grâce à des appareils appropriés, à certains bruitages. L'exemple même de l'habileté du muet à « se passer du son » a été l'utilisation du téléphone qui, précisément, devrait représenter l'inverse du muet, « puisqu'il fait entendre la voix sans donner à voir qui parle ». M. Chion cite le film de Griffith, *The Lonely Villa* (1909) : « Le téléphone, et tout ce qui touche à la circulation du son et de la voix, intéressait d'autant plus le cinéma muet que c'était pour lui comme un défi à filmer » (*La Voix au cinéma,* p. 58).

L'absence de sons ne doit pas être considérée comme une infirmité : « De la même façon qu'il rêvait et entendait en lui les voix des acteurs, (le spectateur) entendait en lui tous les sons que pouvait suggérer le film. (...) Le cinéma muet bruissait donc du vacarme de sons sous-entendus » (M. Chion, *Le Son,* p. 26-27). S. Daney en donne un excellent exemple à partir du film de Victor Sjöström, *Le Vent* (1928) :

> Ce film magnifique montrait comment le bruit du vent rendait Lillian Gish folle. Le film était « muet » et n'en avait que plus de force. Quiconque a vu *Le Vent* sait ce qu'est une hallucination auditive. Il n'y a jamais eu de « cinéma muet », d'ailleurs, seulement un cinéma sourd au boucan qui se

produisait à l'intérieur du spectateur, dans son corps même, quand il devenait la chambre d'écho des images. Celles du vent, par exemple. (...) Quand le cinéma était "muet", nous étions libres de lui prêter *tous* les bruits, les infimes et les intimes aussi. C'est quand il se mit à parler, et surtout après l'invention du doublage (1935), que plus rien ne résista au déferlement du dialogue et de la musique. Les bruits faibles, imperceptibles, n'avaient aucune chance. Ce fut un génocide. (...) On n'a pas un grand souvenir du vent dans les films des années trente, quarante, cinquante. Ou alors, c'étaient des tempêtes qui faisaient ooouuuh ! dans les films de pirates. Mais la bise, le coulis, le courant d'air, tous ces vents si près du silence ? Et le zéphyr ? Et le souffle vespéral ? Non. Il fallait attendre les années soixante, les petites caméras synchrones, les nouvelles vagues.

(*Ciné*, p. 84-85.)

La venue du son a détruit les qualités du cinéma « sourd » (au point qu'un cinéaste comme Chaplin a résisté longtemps au parlant) : Godard cite l'introduction des *Rapaces* (1924) de Stroheim « où il y a sept ou huit plans d'ouverture où on montre quelqu'un qui fait quelque chose et ensuite il y a *Such was* et puis après il y a sa mère, il y a trois plans et *Such was his mother*. Et ça effectivement c'est une puissance énorme qu'avait le cinéma et qu'il a perdue comme ça ; où la littérature et où le langage faisaient à certains moments bon ménage » (*Introduction,* p. 59). La venue du son a accéléré l'accomplissement de ce qu'on a appelé le cinéma « classique », puis elle a permis de nouvelles explorations qui devaient conduire aux images-temps et à la redécouverte calculée des qualités perdues du muet. Mais, comme l'a écrit Alain Masson,

l'accès du cinéma à la parole ne constitue pas pour autant une révolution. Ni au sens de Robespierre : nul renversement des rôles et des valeurs, puisque les principes de la narration verbale gouvernaient déjà l'art muet et que le parlant conserve, comme ornements et comme réserves, les mérites stylistiques de l'ancien cinéma. Ni au sens de Michelet : ce n'est pas le moment lumineux où l'histoire réalise l'esprit dont les superstitions passées ne donnaient qu'une version mensongère, en des promesses dilatoires ; le dialogue et le bruitage délivrent au contraire la culture cinématographique de croyances nébuleuses, et « l'éclair » n'illumine qu'un ciel vide : on avait

> pris un style pour un langage. Ni bien sûr au sens de Marx : la rupture n'est pas radicale, elle confirme la maîtrise du simulacre par la langue et assoit la domination des structures capitalistes sur les éléments artistiques.
> (*L'Image et la Parole,* p. 280.)

On pourrait se livrer aux mêmes réflexions à propos de la venue de la couleur.

2. Par où commencer : l'image par image et le rapport au réel

Avant le cinéma proprement dit, c'est-à-dire un écran et des spectateurs, l'Amérique connut le kinétoscope d'Edison qui offrait un dispositif individuel. Jacques Aumont écrit :

> Que voyait-on dans le kinétoscope d'Edison ? Peu de choses à vrai dire, guère plus qu'une performance un peu dérisoire : Annie Oakley tire sur des assiettes (elle en rate une ou deux), des Indiens dansent la danse du scalp, une fanfare tourne en rond, un gymnaste fait ses mouvements, tout cela à doses minuscules, et surtout, devant l'invariable fond noir de la Black Maria. Un mot qualifie à la fois ces films et le dispositif, du type « peep show », où ils sont présentés : la vue Edison est fondée sur le voyeurisme.
> (*L'Œil interminable,* p. 32.)

Au-delà de l'opposition entre numéros spectaculaires et instants quelconques (films Lumière), il s'agit d'une esthétique différente de celle des frères Lumière et de leurs opérateurs : celle-ci permet l'exercice du regard dans un champ, alors que celle-là se donne pour but la satisfaction du regard : « Dans la performance sur fond noir, les indices de profondeur sont minimaux, le centrement forcé du sujet filmé limite encore la largeur du champ : le regard n'appréhende l'espace qu'en se « heurtant » au fond pour revenir sans cesse au personnage en une alternance sans fin qui toujours recentre, refocalise, ré-identifie le spectateur à son regard » (*id.,* p. 33). Les noms choisis : cinématographe, écriture du mouvement, et kinétoscope, vue en mouvement ou vitascope, vision de la vie, sont très significatifs. D'un côté un spectacle, de l'autre une écriture avec toutes les possibilités de recherche impliquées, jusqu'aux expériences « de laboratoire ». Le cinéma est pris entre ces deux « postulations » si bien que l'on ne devrait jamais utiliser le singulier : le mot cinéma recouvre des réalités très différentes, certaines opposées. De même, les « origines » du cinéma nous rappellent deux autres tendances présentes, comme nous l'avons vu, dans les commencements du cinéma : le rapport au mouvement, à l'image par image et à l'animation d'un côté, le rapport au « réel », c'est-à-dire à la vie saisie dans ses apparences, de l'autre.

Le film d'animation

Dans son étude sur le cinéma d'animation (*Trafic* n° 2), Hervé Joubert-Laurencin montre que le passage par le tramage électronique de l'image vidéo conduit Godard à travailler la décomposition, le ralentissement du mouvement, et que le réalisateur, commentant le passage de *Sauve qui peut (la vie)* où il expérimente un type de ralenti, donne du même coup une définition du cinéma image-par-image, à savoir ce qui « manque » entre Lumière et Marey. La succession des phases calculées, élément essentiel du film d'animation, n'est pour le cinéma au sens ordinaire du terme qu'un processus gommé, extérieur au moment créatif. Tout film d'animation rappelle dans son travail et dans son résultat un certain nombre des éléments qui constituent la provenance de l'appareil cinématographique (et par conséquent « rejoue » à son niveau l'invention du cinéma) ; inversement, tout film « ordinaire », lorsqu'il s'efforce de rendre compte en continu d'une transformation, d'une métamorphose (le passage du Dr Jekyll à Mr Hyde, ou l'inverse, dans la version de Victor Fleming, 1931, par exemple) redécouvre l'animation et l'image par image.

Le film documentaire

On fait remonter le courant du cinéma documentaire (ou cinéma direct, du réel, etc.) aux « vues » enregistrées par les opérateurs des frères

Lumière et on l'oppose aux films de Méliès. Le cinéma oscille non pas entre Lumière et Méliès, mais chez l'un et l'autre il oscille entre documentaire et fiction, entre images du réel saisies sur le vif et images composées artificiellement. Méliès réalise en effet des documentaires reconstitués tandis que les Lumière, en exposant le monde, contribuent à le déréaliser. Le courant du cinéma documentaire a alimenté les cinémas de contestation politique comme les films de propagande. Il a ses « classiques » : Antoine (*L'Hirondelle et la Mésange,* 1920), Robert Flaherty (*Nanouk l'esquimau,* 1922, *L'Homme d'Aran,* 1934), Robert Siodmak (*Les Hommes le dimanche,* 1929), John Grierson, Paul Rotha, Basil Wright, Alberto Cavalcanti, Humphrey Jennings, Georges Rouquier ; il a même, pourrait-on dire, ses « maniéristes » (William Klein) ou ses « modernes » (Robert Frank, Johann van der Keuken, Frederick Wiseman). Cette « marque » du réel, cette empreinte sur l'image accompagne le cinéma depuis les débuts : à Hollywood le genre western permet des tournages en extérieurs que s'autorise un film comme *La Cité sans voiles* (1948), de Jules Dassin. Bien des débats concernant le cinéma comme art ont porté sur cet aspect. Bien des transformations proviennent de ce rappel à l'ordre. Le néo-réalisme intègre l'austérité de l'image documentaire à des fictions épurées. Le son direct contamine la fiction. Après la seconde guerre mondiale, « en Europe (...) commence l'époque de la "caméra-stylo", le goût des micro-analyses, des échantillons anonymes, de la chute des stars et, à travers les techniques du direct, l'ère de la surveillance ». (S. Daney, *Ciné,* p. 69). Le *free cinema* britannique (Lindsay Anderson, Karel Reisz, Tony Richardson) favorise le renouveau du cinéma anglais des années 1960. Le cinéma direct canadien inspire Michel Brault et Pierre Perrault. Jean Rouch et le cinéma vérité influencent des cinéastes de la Nouvelle Vague. Documentaire, fiction : tel fut un débat des années 1960. Les œuvres de Godard, de Rivette (*Le Pont du nord,* 1981) et de Jean Eustache (*La Maman et la Putain,* 1973) en découlent. L'improvisation, le tournage en décors naturels avec le minimum de lumière artificielle seront quelques tropismes de ces cinéastes. Un principe élémentaire subsiste d'une œuvre à une autre, ou d'une « école » à une autre :

La fiction c'est se mettre au milieu du monde pour raconter une histoire. Le documentaire, c'est aller au bout du monde pour ne pas avoir à raconter. Mais il y a de la fiction dans le document comme il y a des insectes dans les roches fossiles et il y a du document dans la fiction pour la bonne raison que la caméra (c'est plus fort qu'elle) enregistre ce qu'on met devant elle, tout ce qu'on met devant elle.

(S. Daney, *Ciné,* p. 166).

3. La grande forme

Le mode de représentation institutionnel

Noël Burch estime qu'il existe un «mode de représentation institutionnel » enseigné dans les écoles professionnelles de cinéma comme le « langage cinématographique » par excellence, et incorporé dès l'enfance dans notre système mental de sorte que les films de la production courante nous soient immédiatement accessibles. Il s'agirait plutôt d'un modèle abstrait, d'une reconstruction idéelle, qui se dégagerait progressivement dans la période primitive du cinéma. Dans le système de forces en présence, c'est lui qui finit par l'emporter. Il est donc possible de décrire les avatars de cette grande forme qui a traversé presque toute l'histoire du cinéma. Certains l'ont identifiée au « classicisme » alors que ce dernier n'en est qu'un moment. D'autres ont conçu une histoire globale du cinéma partagée entre une esthétique « classique » et une esthétique « moderne » (entre les deux, peuvent être convoquées les catégories de « baroque », de « maniérisme » etc.). Nous envisagerons le mode de représentation institutionnel (ou grande forme) comme une sorte de fil qui traverse le siècle, mais ce serait une erreur que de lui accorder plus d'importance qu'il n'en a. Les œuvres ne deviennent vraiment dignes d'intérêt que lorsqu'elles ne relèvent plus d'aucune catégorie. Par ailleurs, ce « fil » qui introduit évolution et chronologie ne doit pas faire oublier que l'histoire du cinéma, selon nous, n'est ni évolutive ni chronologique. Elle se caractérise au contraire très souvent par le côtoiement dans le temps, et parfois dans une même œuvre ou dans un même film, d'images-mouvements et d'images-temps diverses. Essentiellement impur, le cinéma est plus que tout autre l'art des mélanges. Youssef Ishaghpour écrit : « Le cinéma a eu la particularité de naître comme art primitif et moderne à la fois et de n'atteindre l'âge classique que beaucoup plus tard » (*D'une image à l'autre,* p. 32) et il définit le « moderne » comme une « totalité coexistante, hétérogène et contradictoire, de traditions diverses et de projets différents ».

Les films des frères Lumière (*La Sortie des usines Lumière,* 1894, par exemple) durent environ une minute et montrent des scènes familiales et des scènes de la vie quotidienne à Lyon ou ailleurs en France. Ensuite les opérateurs des Lumière (Felix Mesguisch, Eugène Promio, Francis Doublier, Marius Chapuis...) vont dans des lieux exotiques fort loin chercher leurs images. Le grand succès de ces vues dure une dizaine d'années ; elles seront imitées par tous et partout. Par exemple, aux Etats-Unis les films projetés seront longtemps des *scenics* (vues de voyage, actualités). Le choix du cadrage des premiers Lumière vient probablement de la tradition de la carte postale ; il dénote un sens de l'espace (grande profondeur de champ comme dans *L'Arrivée d'un train en gare de La Ciotat*) qui ne se retrouve pas dans les autres films des débuts où se manifeste plutôt l'influence des images d'Epinal, des verres teints... En revanche, la prise de vue frontale et le sujet non linéaire et non centré est une constante alors. Les événements prolifèrent dans ces images au point que plusieurs visions sont nécessaires pour les parcourir dans leur intégralité ; Noël Burch compare ces vues à des micro-organismes sous le microscope.

Edison se livre à des expériences qui tendent vers l'industrialisation. Le lieu où il travaille avec W.L. Dickson, la *Black Maria,* est en quelque sorte le premier studio de cinéma ; ses expériences tendent aussi vers la scénographie du cinéma narratif dominant à partir de la fin du muet : centrage, ici obtenu par le fond noir, iconographie empruntée au théâtre bourgeois, tentatives vers le son [le premier film synchronisé date de 1913 ; en France, Alice Guy réalise plus de cent sujets parlants ou chantants entre 1900 et 1907]. Mais c'est un échec et le succès des vues Lumière contraint W.L. Dickson à sortir de la *Black Maria.* Cet échec peut être comparé à celui, un peu plus tard (1908-1910), en France, du film d'Art dont l'un des représentants les plus fameux s'il s'agit d'un réalisateur est Albert Capellani (*Quatre-vingt-treize,* 1914) pour Pathé, et, s'il s'agit d'une œuvre, *L'Assassinat du Duc de Guise* (1908) d'André Calmettes et Charles Le Bargy ; les sujets sont empruntés aux ouvrages consacrés ou populaires, des acteurs célèbres sont recrutés. Entre 1904 et 1911, aux Etats-Unis, le spectacle des Hales'Tours simule un décor de train et préfigure la situation du spectateur à venir, sa pénétration dans l'espace, et ses corollaires, la linéarité et le centrage.

Les cinémas « primitifs »

Les premières formes de linéarité se trouvent dans les films-poursuites, dans les tableaux vivants représentant la Passion du Christ et dans les matches de boxe. Mais, dans l'ensemble, les films « primitifs » ne placent pas dans la narration leur enjeu principal. Soit ils s'appuient sur un savoir supposé du spectateur (quand il s'agit d'adaptations d'œuvres célèbres comme *La Case de l'Oncle Tom*), soit ils confient à un commentateur le soin d'apporter l'information nécessaire. Cette pratique, en Occident, s'étend de 1897 jusque vers 1910, alors qu'au Japon, où le *benshi* est parfois plus célèbre que les acteurs, elle se prolonge jusque vers 1945. Les films des débuts nous sont devenus étrangers parce que nous ne savons comment les regarder et nous ne savons pas non plus comment ils étaient regardés. Nous les jugeons à travers ce que nous connaissons ; soit nous voyons en eux des œuvres maladroites, balbutiantes, soit nous considérons qu'ils témoignent d'une richesse d'invention, d'une liberté perdues depuis. Parce que, par la suite, une grande partie de la production cinématographique a été narrative, on s'est évertué à découvrir en eux les prémices de cette narration à venir, alors que l'histoire du cinéma devrait être une histoire de l'œil et de son invention sans cesse reprise.

S'il est un moment où existe un style international, c'est bien dans ces tout débuts quand les sujets n'appartiennent à personne, prolongeant l'époque de la frénésie neuve des images dont parle Michel Foucault. Les Lumière tournent plusieurs fois les mêmes sujets. Il existe trois versions de *L'Assassinat du duc de Guise* et l'on trouve dans les catalogues des uns et des autres des titres parfois fort semblables. Georges Méliès est certainement l'un des premiers à être pillé. Dans ses productions pour la Star-film (parmi ses films les plus connus, *Le Voyage dans la lune,* de 1902, et *La Conquête du Pôle,* de 1912), il a développé l'art des truquages et du travail en studio (celui de Montreuil). La grande forme narrative internationale du muet prend corps dès la fin de la période « primitive ». C'est celle du film à épisodes que l'on trouve chez Louis Feuillade (*Fantômas,* 1913, *Les Vampires,* 1915, *Judex,* 1916, *Tih Minh,* 1918), Fritz Lang (*Les Araignées,* 1919-1920, *Mabuse le joueur,* 1922, *Les Espions,* 1928) et aux Etats-Unis (*Les Mystères de New York, Les Périls de Pauline,* 1914, de Louis Gasnier). Cette forme atteste que le cinéma muet est un prolongement du XIXe siècle.

A la circulation des sujets correspond la rotation des cinématographies. Tour à tour la France, l'Angleterre, les Etats-Unis, le Danemark et l'Italie occupent le devant de la scène.

La **France** développe des sujets comiques (avec des acteurs comme Onésime, Rigadin ou Boireau) tandis que le cinéma **britannique** propose sous forme de gags quelques-unes des situations extrêmes de la représentation cinématographique. Dans *The Big Swallow* (1901) de James Williamson un quidam s'approche de la caméra, ouvre la bouche, « avale » l'appareil et celui qui le manipule, puis se retire l'air satisfait. Dans *How it Feels to be Run Over* (1900) de Cecil Hepworth, un véhicule automobile fonce droit vers la caméra jusqu'à obturer le champ ; un carton énigmatique suit ce moment. Les images en mouvement des films primitifs deviennent des images-mouvement à partir du moment où le passage entre l'extrême proximité (la bouche grande ouverte qui veut avaler la caméra) et la prise de vue lointaine est régulé, inséré dans un montage, c'est-à-dire une suite organisée et pensée.

David Wark Griffith

Aux **Etats-Unis,** le cinéma devient hollywoodien après un exode de la côte Est vers la côte Ouest un peu avant 1910. David Wark Griffith, avec Edwin S. Porter et quelques autres, fait alors franchir un pas aux images en mouvement. Entre 1908 et 1913, il réalise pour la Biograph quelques centaines de films qui lui permettent d'élaborer une écriture conduisant vers une représentation « classique » de l'espace (de *The Adventures of Dollie,* 1908, à *Judith of Betulia,* 1913, en passant par *The Lonedale Operator,* 1911).

> Griffith a fait éclater l'espace filmique et du même coup a transformé radicalement les conditions du spectacle cinématographique en cessant de régler la caméra sur le point de vue du public par rapport à l'écran. Lorsque l'écran a cessé d'être assimilé à une scène de théâtre, de music-hall ou de guignol, le cinéma est né de la multiplicité des points de vue, de l'éventail des plans. Les plans sont l'effet du montage griffithien, c'est-à-dire de l'introduction de la différence dans le point de vue, dans le champ filmique, dans les corps, et sont donc (...) les marques différentielles d'un système d'écriture, d'un agencement de signes et de sensations.
>
> (P. Bonitzer, *Le Champ aveugle,* p. 25-26.)

Par conséquent, Griffith est l'inventeur du suspense qui est un produit du montage.

> C'en est aussi vraisemblablement l'une des causes immédiates : c'est le montage des poursuites, que l'on trouve aussi bien dans les grandes fresques ambitieuses *(Intolerance, Naissance d'une nation)* que dans les comédies et les mélos (*Sally of the Sawdust,* par exemple). Le montage des poursuites est un montage parallèle, qui donne tour à tour l'image du poursuivant et du poursuivi, en variant éventuellement la grosseur des plans pour faire monter l'émotion — ou, comme dans *Intolerance,* c'est le pur parallélisme des actions s'intensifiant réciproquement de leurs différences.
>
> (*Id*, p. 45).

Griffith a donc mêlé les plans selon leur « grosseur », il a utilisé le montage parallèle, le flash-back, les gros plans, il a posé les jalons d'une image-action, c'est-à-dire d'« une image sensori-motrice à laquelle (le spectateur) participait plus ou moins, par identification avec les personnages » (Gilles Deleuze, *L'Image-temps,* p. 9). Ses deux longs métrages, *Naissance d'une Nation* (1915) et *Intolerance* (1916) sont le point d'aboutissement du parcours qu'il a effectué dans les courts métrages pour la Biograph. Le cinéma américain se développera surtout à partir de deux schémas de base griffithiens, le duel et, selon une formule du maître que Godard aime citer : « *a gun and a girl* ».

Griffith fonde en 1915 la Triangle avec comme associés Thomas Harper Ince et Mack Sennett. A eux trois, avec Cecil Blount DeMille, ils contribuent à mettre en place un mode de narration fondé sur l'image action. A Griffith les mélodrames, à Mack Sennett les comédies burlesques (*slapstick*), à DeMille les comédies mondaines, avant les superproductions bibliques, à Ince les films d'aventure. Une seconde génération (Raoul Walsh, King Vidor, John Ford...) exploite ce qui est acquis et prépare activement la forme qui s'instaure à Hollywood vers 1925-1926 en attendant la venue du sonore et du parlant qui l'accomplit. Elle est aidée d'apports étrangers non négligeables (une première vague : Erich von Stroheim, Ernst Lubitsch, Rex Ingram, Maurice Tourneur, suivie d'une seconde : W.F. Murnau, Victor Sjöström, Karl Freund...) qui viennent avec leur talent et l'expérience qu'ils ont acquise dans leur pays d'origine : par exemple, le montage intensif-spirituel et les aventures de l'ombre et de la lumière pour Murnau (*L'Aurore,* 1927), l'image pulsion pour Stroheim (*Les Rapaces,* 1924, *Queen Kelly,* 1928). Hollywood fonctionne comme un *melting pot* d'où doit émerger une forme unique. Il faut pour cela des guides vigilants comme Will Hays, pour la bonne conduite, ou le producteur Irving Thalberg (que Godard admire d'avoir pu penser cinquante films par jour) pour la bonne forme.

Le classicisme hollywoodien

De fait, la grande période du « classicisme hollywoodien » est assez brève (de 1925 à 1955 approximativement) : dix ans avant et dix ans après ces dates, Hollywood n'est pas rien, mais, alors, les cinéastes européens et même asiatiques (après *Rashomon,* 1950, de Akira Kurosawa) occupent une place importante. Le passage de l'image-action du muet à celle du parlant est exemplaire dans un genre comme le western. Dans les années 1920, les films sur l'Ouest mettent en avant le rythme, la turbulence des mouvements, l'acteur comme corps projeté dans un espace. Le caractère purement gestuel du jeu explique d'ailleurs la relation étroite de ces films avec le burlesque. L'acteur Tom Mix se livre à une parade de séduction sur un mode purement inhumain, alors que William Hart incarne des personnages qui prétendent renvoyer à une vérité archéologique plus qu'historique. En revanche, une forme de films (ceux de l'acteur Harry Carey qui travaille beaucoup avec John Ford) que l'on dira « réaliste » insiste sur l'intérêt humain, c'est-à-dire sur l'épaisseur psychologique et sur l'identification à la victime, au lieu de faire admirer l'exploit hors de la mesure humaine. Au vraisemblable psychologique se joignent la logique narrative et la linéarité du récit. De plus, ces œuvres peuvent être dites « historiques » en ce double sens que l'humain est agent de l'Histoire et que l'on peut découvrir en eux, implicite, un discours sur l'Histoire. Cela est particulièrement net dans les *epics* comme *Caravane vers l'Ouest* (1923) de James Cruze dans lesquels l'Histoire est conçue comme force dynamique ; le temps qui prévaut est celui de la fondation d'une nation ou de la biographie d'une personne, entraînant la nécessité d'une narration où linéarité et forme cyclique s'entremêlent pour mettre en évidence l'idée de filiation. L'introduction de l'Histoire renforce le mouvement vers plus de vraisemblable psychologique et vers une forme de récit « classique ». La parole pouvait s'insérer sans problème pour accomplir cette forme de récit en direction de laquelle la tendance, après 1925, est irréversible. Ceci explique peut-être pourquoi le passage du muet au parlant a été réussi pour un genre comme le western alors qu'il ne l'a pas été pour le burlesque.

Le « classicisme hollywoodien » est possible par une « mise au pas » de toutes les avant-gardes (Youssef Ishaghpour), par une stricte organisation industrielle et par un apport de talents étrangers qui ne cessera jamais. La distinction de genres (westerns, films policiers, fantastiques, historiques, peplums, comédies musicales, mélodrames, films de gangsters, de cape et d'épée — *swashbucklers* —, science fiction, biographies, *screwball comedies...*) fait partie du système : ces « genres », très différents de ce qu'on appelle ainsi dans le domaine littéraire, sont plutôt les diverses manifestations (aux limites imprécises ; entre elles, les recoupements et recouvrements sont nombreux) d'une même grande forme ; lorsque cette forme est imitée, parodiée ou transformée, le système des genres est lui-même reconduit, mais avec des modifications, si bien que l'on a pu réaliser des westerns, des films fantastiques, des peplums, à Cinecittà (Sergio Leone, Mario Bava, Vittorio Cottafavi, Riccardo Freda...), mais pas de comédie musicale (le cinéma japonais possède ses genres spécifiques : yakuzas, Zatoichi, romans pornos de la Nikkatsu...). La distinction des séries est aussi une caractéristique du système qui favorise, dans le meilleur des cas, un art de l'invention dans la pénurie. L'examen des séries B montre

> comment des gens ont fait avec sérieux des films pas chers et comment ils furent souvent acculés à l'invention, à la concision, à un mélange aberrant de rigueur et de n'importe quoi. (...) . Il y a les départements B des grands studios et les petites compagnies qui ont profité du créneau pour tenter de produire encore plus vite que les plus rapides et moins cher que les plus fauchés. Il y a ce qu'on appelle la « poverty row », l'allée de la misère, avec les trois grandes des plus petites, la Republic (1935), la Monogram (1930) et l'insensée PRC (1939), structurées comme des grandes compagnies. C'est là que furent atteints des états-limites du cinéma (...). Westerns dits « *à un seul cheval* » où le bon et le méchant se succèdent sur la même bête, matelas de cascades incongrus, tournages éclairs où l'équipe squatte un décor quelques heures avant sa démolition, acteurs qui ne percent pas (comme Wayne qui rama longtemps) ; bouseux chantants mais populaires comme Gene Autry et Roy Rogers, comédies patinantes avec la repoussante Vera Ralston, imposée par le patron, films en Trucolor, scènes tournées en même temps (selon trois angles différents), un chef-op qui éclaire un décor en vingt minutes là où il faudrait trois heures, réussites miraculeuses (les films d'Ulmer) et bâclages insensés, etc.
>
> (S. Daney, « Le b.a.-ba de la série B », *Libération,* 13-15 août 1983, p. 21.)

Hollywood a donc eu ses maîtres et ses petits maîtres : Ford, Capra, Hawks, Hitchcock appartiendraient à la première catégorie alors que Edgar G. Ulmer, Jack Arnold, Budd Boetticher, John M. Stahl, ou John Brahm posséderaient (à un degré plus ou moins développé) ce qu'on a appelé le génie artisanal. Jacques Tourneur, Douglas Sirk, Leo Mac Carey, Preston Sturges, George Cukor, Anthony Mann, Frank Borzage, Busby Berkeley, Raoul Walsh relèveraient de l'une ou l'autre catégorie, selon le goût de chacun.

La définition de la grande forme dont Hollywood n'est que la manifestation la plus connue diffère selon le commentateur : certains, dans la lignée d'Eric Rohmer, disent qu'il s'agit d'un cinéma qui s'ajoute au monde sans rivaliser avec lui, mettant au mieux de l'ordre dans l'idée que le réalisateur s'en fait. D'autres voient sa caractéristique dans la maîtrise affichée de la caméra, vouée au détachement et à la compassion, protégée du vertige. D'autres encore élisent en lui la profondeur dans l'espace — notion qui vaut bien sûr pour le monde lui-même —, la mise en scène consistant à répartir dans cette profondeur des obstacles destinés à être surmontés. Le cinéma « classique », dit aussi « de la transparence » (l'illusion d'une réalité continue et homogène), est surtout une forme de cinéma narratif caractérisé par la direction d'acteurs (l'« éclairage glamourisant » des vedettes), par la dramaturgie (répartition hiérarchisée des scènes de tension et de détente), par la linéarité et la relation de cause à effet instituée entre les événements — ce que G. Deleuze appelle « l'image-action ». Il comporte quelques règles « stylistiques » (entrées et sorties de champ, les 30°...). Jean-Claude Biette cite

> le travail de reconstitution du décor, des costumes (en général, sauf exceptions dues aux nécessités d'un genre) et dans la reconstruction du temps et de l'espace par le *découpage* (et le *montage :* ce dernier étant souvent le prolongement du premier, lequel est déjà souvent fixé par écrit tout de suite après le scénario). Le découpage permet et implique la *fragmentation* des corps avec la possibilité d'approcher les visages au plus près ou de surplomber les acteurs, ou d'isoler tel fragment du décor, telle partie du corps.
>
> (*Poétique,* p. 76.)

Cette forme de cinéma se définit enfin par la place qu'elle accorde au spectateur happé à l'intérieur du drame par les traits identificatoires des personnages. Avec elle « le plaisir a partie liée au triomphe d'une illusion : le spectacle d'un personnage-acteur-corps-voix confondus. Au plein de cette confusion. Au retour de ce plein. Le plaisir, c'est, disons Errol Flynn ou Rock Hudson dans un film de Raoul Walsh, fonçant d'un bloc vers leur destin. Psychologisme et humanisme : même combat » (*La Rampe,* p. 69.) Les grands cinéastes « classiques », hollywoodiens ou non, l'ont été non par soumission à des conventions, mais parce que, s'insérant en elles, ils ont joué de leurs failles et ont construit des systèmes déviants. Parmi ces réalisateurs, certains (pas tous) font un « cinéma d'appareil » (au sens où l'on parle d'appareils de parti), comme, aux Etats-Unis, William Wyler (*Les Plus Belles Années de notre vie,* 1946), Henry King (*Le Chant de Bernadette,* 1943), ou George Stevens (*Une Place au soleil,* 1951). Ils transforment le classicisme en **académisme.** L'académisme est la glaciation du classicisme.

La grande forme repose sur des techniciens hors pair : opérateurs, décorateurs, musiciens, scénaristes, costumiers..., si bien que, lorsqu'on veut la saisir, elle éclate en de mutiples directions puisqu'elle doit être rapportée tantôt aux studios, tantôt aux réalisateurs, tantôt à des techniciens, tantôt à un genre. Par exemple, pour éclairer un personnage, on utilise une lumière principale *(key light),* généralement dirigée d'en haut sur le personnage (c'est une lumière dure et directe qui produit des ombres nettement dessinées), une lumière d'appoint, douce, diffuse et indirecte, placée près de la caméra, pour adoucir les ombres *(fill light)* et une lumière dirigée vers l'acteur depuis l'arrière *(backlight)* qui ajoute des zones de brillance et détache le personnage du fond. La technique dominante au début des années 1940 est le *high-key lighting* dans lequel le rapport *key light-fill light* est faible, l'intensité du *fill light* étant suffisamment importante pour atténuer les ombres créées par le *key light.* On obtient ainsi ce que l'on considérait comme une impression de réalité, le visage étant modelé sans zones d'ombres exagérées ou artificielles. Or, l'éclairage du film noir est un *low-key lighting,* dans lequel le rapport *key light-fill light* est important, créant des zones de grand contraste et des ombres fortes. La principale source de lumière est d'ailleurs souvent au ras du plateau, ce qui allonge les ombres. Le *low key* oppose la lumière à l'obscurité, les visages, les décors d'intérieur ou les paysages urbains sont plongés dans l'obscurité. Les scènes de nuit, au lieu d'être filmées *day-for-night (*c'est-à-dire en pleine lumière avec des filtres - la fameuse « nuit américaine »), le sont *night-for-night* (c'est-à-dire de nuit, avec des sources lumineuses artificielles) : l'effet produit est celui d'un grand contraste, le ciel est d'un noir total à l'opposé du gris obtenu par les prises de vue *day-for-night.* Le film noir est déjà une forme de maniérisme. L'utilisation de la couleur peut tendre vers ce maniérisme, par exemple chez Cecil Blount DeMille, « l'esthète kitsch qui se permet de traiter les couleurs *comme des figurantes* » (S. Daney, *Devant,* p. 100).

Jean-Claude Biette voit dans *Le Tigre du Bengale* (1959) de Fritz Lang :

> le tombeau somptueux de toute une époque du cinéma. C'est le point final d'une langue commune mise au point par Hollywood au début des années 30 avec le cinéma parlant. Une langue qui, pendant une dizaine d'années, va se donner les moyens de développer soit de grandes fictions sociales, soit des modèles constitutifs de genres cinématographiques (le policier, la comédie, la comédie musicale, le western, le film historique), soit de grands romans illustrés (*David Copperfield, Peter Ibbetson, Autant en emporte le vent* — [respectivement de George Cukor, 1935, Henry Hathaway, 1935, et Victor Fleming, 1939]). Vers le milieu des années 40 — après les années de cinéma militant pour l'engagement des U.S.A. dans la guerre — cette langue commune s'emploie soudain à raffiner sur elle-même et tend vers une écriture plus abstraite. On constate une économie soudaine des informations dans la narration (les journaux et surtout la télévision commencent à fournir ces informations dont les films peuvent désormais se passer) et, de plus, chaque film apprend à mieux lier le décor et la lumière avec le découpage, et découvre soudain une mise en sourdine de la théâtralité des acteurs qui, dans les années 1930, devaient souvent porter leurs dialogues, comme des tirades, dans des grands décors. On serre alors les vis du récit, qui gagne en concision rythmique ce qu'il abandonne en accumulation de matériaux. Cette réduction quantitative des éléments, l'amenuisement de l'espace visuel et

> sonore par rapport à ces grands décors des années 30, l'emploi moins grandiloquent et plus souple de la musique, ont fait subir à l'ensemble du cinéma hollywoodien une transformation stylistique. Des films comme *Monkey Business* (*Chérie, je me sens rajeunir*) ou *The Big Sky* (*La Captive aux yeux clairs*) de Hawks ou *Clash by Night* (*Le Démon s'éveille la nuit*) de Lang, qui se situent autour de 1951, sont aujourd'hui de merveilleux archétypes de cette abstraction, de ce tour de vis donné non seulement au récit mais à toutes les composantes du film.
>
> (*Poétique,* p. 117.)

Jacques Tourneur (*La Féline,* 1942, *Berlin Express,* 1948, *Un jeu risqué,* 1955) représente un cas limite d'humilité par soumission au système, et cependant de retournement de ce dernier par ascèse :

> Dans tout le cinéma américain, il fut le seul (plus radicalement encore que Nicholas Ray) à mimer totalement l'identification au cinéma et à sa structure circonstancielle, au point qu'aucun élément dans ses films ne prend pas sur l'autre.(...) Dans les films de Jacques Tourneur chaque élément doit se fondre dans le tout que forme le film et exprimer la place qu'il occupe. Les personnages vont ainsi vers l'anonymat et découvrent qu'ils sont des relais : c'est ce que la mise en scène s'emploie à faire sentir. Elle superpose à la machinerie hollywoodienne un revêtement fictionnel aussi fortement chargé de sens qu'il est adéquat et transparent. La totalité de l'œuvre américaine de Tourneur, constitue, mine de rien, le grand négatif du cinéma hollywoodien entre 1940 et le déclin de ce dernier vers 1957, qui coïncide entre autres avec le départ des U.S.A. de Fritz Lang, avec chez Hawks le changement radical de tonalité après *Rio Bravo* etc.
>
> (Jean-Claude Biette, *Poétique,* p. 33.)

Dans le cinéma hollywoodien, l'œuvre de Jacques Tourneur (associé parfois à Val Lewton) brille comme un joyau noir à l'instar de *La Nuit du Chasseur* (1955) de Charles Laughton ou des films de Albert Lewin (*Le Portrait de Dorian Gray,* 1945, *Pandora,* 1951).

Des maniérismes

Le mot « maniérisme » tire dans deux directions : l'une laudative (le raffinement), l'autre péjorative (l'affectation, le manque de naturel).

Il y a maniérisme lorsque l'on commence à raffiner sur une forme antérieure. Orson Welles, avec *Citizen Kane* (1941), bouscule le système, fraye de nouvelles voies. Il n'est pas « maniériste ». Le « maniérisme » n'est pas une subversion : il peut s'effectuer par excès ou par ascèse et affecter la mise en scène, le jeu des acteurs (comme les leçons de l'Actor's Studio), l'utilisation de la musique, le travail sur la couleur ou sur la lumière, etc. Avec *Laura* (1944) d'Otto Preminger, par exemple, « nous assistons en direct à la naissance d'un maniérisme », c'est-à-dire dans ce cas un « savoir-faire qui sauve les apparences », un art d'« effectuer des prélèvements » (l'opération maniériste consiste à prélever non sur le réel, mais sur le cinéma même), un style de jeu d'acteur également, celui de

> Dana Andrews, dont on ne dira jamais tout ce que le grand cinéma américain des années cinquante dut à son jeu hermétique et buté, [...] Gene Tierney et Dana Andrews sont deux acteurs particuliers, inséparables d'un moment du cinéma américain, brillant et névrosé. Ils ne sont connus que des cinéphiles et leur frigidité minérale est leur grand point commun. Cette façon de disposer de stars « bis » est la force du cinéma américain de l'époque.
>
> (S. Daney, *Devant,* p. 82 et 229.)

Dans les années 1940, Hollywood se livre à des tentatives d'expérimentation comme *La Dame du lac* (1947) de Robert Montgomery, film connu pour son utilisation systématique de la « caméra subjective » (le narrateur étant le personnage principal, le spectateur ne le voit jamais, sauf cas exceptionnels comme la présence d'un miroir), ou *La Corde* (1948) d'Hitchcock, film se présentant comme tourné en un seul long plan séquence (en réalité huit), ou encore *The Thief* (1952) de Russell Rouse, film sans parole, anticipant sur *L'Ile nue* (1960) de Kaneto Shindo. Mais on sait aussi que les fondus enchaînés permettent un travail figural, une dérive vers les distorsions et les anamorphoses.

Dans les années 1950 apparaissent plusieurs formes de « maniérisme ». La critique parlera à leur propos de lyrisme et de formalisme : Douglas Sirk (*Ecrit sur le vent,* 1957), Robert Aldrich, (*En quatrième vitesse,* 1955) ; Samuel Fuller (*Shock Corridor,* 1964) ; Don Siegel (*Les Tueurs,* 1964) ; Elia Kazan (*Le Fleuve sauvage,* 1960) ; Budd Boetticher (*Sept hommes à abattre,* 1956) et Nicholas Ray (*Traquenard,* 1958) ; Anthony Mann présente le cas d'un réalisateur « classique » (*L'Appât,* 1953) devenu « maniériste » (*L'Homme de l'Ouest,* 1958), Tex Avery peut être dit maniériste relativement à Disney. Dans cette transformation, un genre joue un rôle important, la comédie musicale, avec ses deux représentants les plus connus, Vincente Minnelli (*Tous en scène,* 1953) et Stanley Donen (*Chantons sous la pluie,* 1952) : elle opère dans un espace propice à la stylisation la plus extrême, elle se caractérise également par un travail particulier sur la couleur et sur le son. Les cinéastes européens apprécieront en elle cette spécification du plan musical. Aux Etats-Unis, l'œuvre de Jerry Lewis, toute proche des recherches les plus modernes, découle pour une part des leçons de la comédie musicale.

Dans les années 1960, les réalisateurs américains prennent en compte les « classiques », mais aussi les « maniéristes », ainsi que les films des Européens et des Japonais qui commencent à être vus outre-Atlantique (Arthur Penn, *Miracle en Alabama,* 1962 : l'un des premiers à venir au cinéma par la télévision ; Sam Peckinpah, *Coups de feu dans la Sierra,* 1962). Sans cesse le cinéma américain, dans les décennies suivantes, revient sur lui-même, sur son passé, il n'en finit pas de se commémorer ou de se réactiver. Andrei Konchalovski déclare en 1989 : « Le cinéma d'Hollywood n'est plus un cinéma vivant. Il ne ressemble plus à la vie. Ce sont des références, des citations, des *remakes*. Moi, je n'appartiens pas à ce cinéma-là. »

Une langue commune

La venue de la télévision et des « nouvelles » images affecte les vraies inventions du cinéma selon S. Daney : la perception de la distance (entre les personnages, entre eux et la caméra, entre la caméra et nous), l'art du hors-champ (« L'érotisation des bords du cadre, le cadre considéré

comme zone érogène, tous les jeux d'entrée et de sortie de cham
décadrages, le rapport entre ce qui était vu et ce qui était imagi ,
et le montage, le découpage (« L'art et la technique des raccords, toutes les façons d'inventer des raccords aberrants, la transgression du ''faux raccord'' »).

Surtout, la télévision, qui est moins une forme qu'une série de dispositifs de programmation, colonise le cinéma de l'intérieur : la perception du spectateur s'habitue aux caractéristiques du spectacle télévisuel, aux spots publicitaires, aux clips (autre forme très brève où il ne peut y avoir que des moments forts) et à cette catégorie hybride qu'est le téléfilm. On a voulu voir dans le cinéma un moyen d'expression universel alors que, bien au contraire, la langue (ou les langues) de chaque pays informe(nt) en profondeur les processus créatifs (y compris à l'époque du muet). Cette dimension « langagière » autant que nationale est primordiale. Universel, le cinéma ne peut l'être que par la redoutable efficacité qu'apporte sa réduction à quelques règles narratives, quelques gestes et jeux de physionomie immédiatement compréhensibles par tout le monde : l'universalité se paye alors au prix fort, celui de l'appauvrissement esthétique le plus grand.

Une nouvelle langue commune s'est constituée,

> la langue du cinéma international, sorte de compromis esthétique entre la modernité des hollywoodiens et celle des européens des récentes générations. Une langue qui emprunte à la fois à l'efficacité du télé-film américain, au pragmatisme paresseux de l'audio-visuel européen (dont Rossellini fut le précurseur malheureux) et aux nouveaux langages restreints et référentiels du commerce (pubs) et du spectacle (clips), pour se constituer en prétendu instrument de communication universelle, alors qu'elle n'est qu'une rhétorique opportuniste, toute prête à capitaliser n'importe quelle technique nouvelle. Cette langue nouvelle, pour pouvoir atterrir et se faire entendre dans tous les coins de la terre, doit, par nécessité vitale, renoncer à tout particularisme stylistique, à toute singularité. Elle ne peut y parvenir qu'en s'interdisant de manifester plus que le plus petit dénominateur commun de style, de contenu et d'expression : elle doit, en tout point du globe, pouvoir être

> traduite, résumée, découpée en clips-annonces dans le canal inévitable de la télévision. (...) Et pour que cette langue soit comprise et parlée en tout point du globe, elle ne doit employer qu'une seule catégorie d'éléments, c'est-à-dire renoncer à toute ambiguïté. Il faut, dans un film aujourd'hui, ne suivre qu'un lièvre à la fois. C'est ce que fait brillamment Woody Allen. Dans *La Rose pourpre du Caire,* le cinéaste passe son temps à éviter la logique dramatique des situations dont il ne nous donne que la surface.
>
> (Jean-Claude Biette, *Poétique,* p. 118.)

Cette nouvelle langue commune se retrouve aussi bien dans les films de Claude Berri (qui mettent au goût du jour l'académisme du cinéma de la qualité française) que dans le « cinéma filmé » de Sydney Pollack, ou dans le genre européen de la dramatique culturelle.

Jean-Claude Biette remarque :

> Beaucoup de réalisateurs aiment encore assez le cinéma pour avoir envie de faire mieux que de répondre au triste appel du dénominateur commun : ils soignent l'écriture de leurs films pour se réserver un territoire personnel, et c'est peut-être cela le maniérisme, la secrète révolte contre la langue ordinaire, la nostalgie des beaux effets (lumière, décors, acteurs) d'autrefois. Mais les beaux effets ne sont rien sans les belles causes. Les belles causes, ce sont simplement les sujets. La calligraphie cinéphilique, qui est aujourd'hui l'ennoblissement de la langue ordinaire, le département aristocratique du cinéma, opère cependant loin des redoutables exigences d'un sujet et aboutit à un dandysme des contenus.
>
> (*Poétique,* p. 118.)

C'est le cas de Jean-Jacques Beineix, Francis Ford Coppola, Andrzej Zulawski, Martin Scorsese, Jacques Doillon, Nagisa Oshima, ou encore Dario Argento avec la visite qu'il effectue (lui et d'autres) du cinéma fantastique, genre important où se jouent diverses parties essentielles pour le devenir du cinéma : le retour à l'animation, la substitution des effets spéciaux (pyrotechnie, trucages mécaniques, maquettes, modèles réduits, effets de maquillage, cascades...) à la mise en scène, les alliances avec les « nouvelles » images... Avec le développement des clips ou des publicités, la constatation de la perte du rythme par les plus grands (Resnais), de la raréfaction des nouveaux cinéastes, de la difficulté à inventer des histoires et à mettre en place de nouvelles formes, sinon à travers ce que S. Daney appelle « les vrais classiques du vide parfait » (représentés en France par les films de Luc Besson ou de Jean-Jacques Annaud), le sentiment s'est exprimé à plusieurs reprises, dans les années 1980, d'une disparition prochaine du cinéma. L'arrivée des « nouvelles images » a eu pour conséquence des expérimentations telles que *Tron* (de Steven Lisberger, 1982) ou *Coup de cœur* (de Francis Ford Coppola, 1981), films dans lesquels « personnages et décors ne s'appartiennent plus, le secret de l'osmose a été égaré, le divorce entre le corps de l'acteur et la matière de l'image est presque prononcé : *c'est chacun pour soi* » (S. Daney, *Ciné,* p. 124).

Nous venons de décrire très rapidement quelques-unes seulement des transformations d'une forme ; il en existe bien d'autres. En effet, cette grande forme n'est pas propre à Hollywood ; elle s'est actualisée dans tous les pays du monde, subissant selon les cas des adaptations particulières. Le « réalisme poétique » en France (les films de Marcel Carné et Jacques Prévert, Julien Duvivier, Pierre Chenal, Edmond T. Gréville, Jacques Becker...), le cinéma de la qualité française (Jean Delannoy, René Clair, Henri-Georges Clouzot...) et ses manifestations contemporaines (Claude Chabrol...) relèvent incontestablement de la grande forme, comme en Grande-Bretagne David Lean, en Italie Alberto Lattuada ou Mauro Bolognini, en Pologne Jerzy Kawalerowicz, en Suède Alf Sjoberg, en Argentine Léopoldo Torre Nilsson, etc. Des questions se posent toutefois : Jacques Tourneur, Alfred Hitchcock, Martin Scorsese, André Cayatte, Valerio Zurlini, Luigi Comencini, etc. relèvent-ils d'une même forme ? et pourquoi pas Orson Welles, Stanley Kubrick, Jean Vigo ou Eric Rohmer ? La nécessité d'utiliser des catégories aussi imparfaites que celles de « classicisme », de « maniérisme » ou d'« académisme » (sans parler des catégories qui n'ont pas trouvé de dénomination) font bien pressentir qu'il s'agit de multiplicités. Quelle consistance aurait donc une forme si proliférante et si insaisissable ? Le tournage en studio, le fait qu'elle soit narrative, le type de lumière qu'elle impliquerait ne suffisent pas à la définir. Toutes ces caractéristiques sont restrictives et sont menacées d'être très vite démenties. Il est temps d'abandonner le singulier de grande forme et de revenir à la conjugaison de la notion d'images-mouvements (empruntée à Gilles Deleuze) à celle de mode de représentation institutionnel (empruntée à Noël Burch). L'idée d'une combinaison d'images différant selon les lieux et les moments préserve la richesse créative. Le mode de représentation institutionnel désigne un horizon toujours là dont nous nous sommes malheureusement rapprochés. Il se déduit « en creux » de l'examen d'œuvres qui représenteraient des « écarts » relativement à une norme. De fait, les réalisations, sauf à relever d'une forme d'académisme, n'ont cessé tout au long du siècle de témoigner d'une richesse et d'une complexité dans l'invention qui excèdent le modèle.

4. Quelques pas dans les nuages

Le cinéma hollywoodien exerce très tôt une influence considérable. Griffith, sur le monde entier — Eisenstein et Dreyer en particulier ; en France, *Forfaiture* (1915), de DeMille, trouve un écho important, ainsi que les films de Ince avec l'acteur William S. Hart, et les comédies de Mack Sennett où se télescopent *Keystone Cops* et *Bathing Beauties* — sans parler de Chaplin, découvert par Sennett, dont l'aura est internationale. C'est dans les années 1920 que le **Japon** s'affronte au mode de représentation institutionnel occidental (à travers Griffith notamment) avec lequel il trouve des solutions de compromis (Teinosuke Kinugasa, Masao Inoue...). Dans les années du muet, certains cinémas européens (le français, le suédois, l'italien, l'allemand) eurent eux aussi une importance considérable et développèrent des modes de représentation qui n'allaient pas nécessairement dans le sens de la grande forme. Si l'étude de cette dernière aboutit à un éclatement et à la découverte de multiplicités, les multiplicités sont au départ de l'étude qui suit.

3

L'expressionnisme

Le cinéma allemand dit expressionniste est à l'opposé du cinéma américain. L'expressionnisme est un mouvement artistique qui se développe en Allemagne entre 1910 et 1925 et qui est inséparable de la crise que connaît la société allemande au début de ce siècle. Il fait partie de cette « entreprise de subversion esthétique » (J-P. Faye) que composent aussi le futurisme italien, le constructivisme russe, l'imagisme anglo-saxon, le surréalisme français. Quand il s'agit de cinéma, l'emploi de ce mot se heurte à deux difficultés majeures : le flou conceptuel qui l'entoure et le fait que le cinéma dit expressionniste est historiquement décalé relativement aux manifestations de l'expressionnisme en peinture, au théâtre, en littérature... Le cinéma expressionniste débute en 1919 avec *Le Cabinet du docteur Caligari* de Robert Wiene et prend fin, selon les historiens, entre 1925 et 1927. L'expressionnisme pénètre le cinéma par l'intermédiaire de films à ambition artistique destinés à un public vraisemblablement cultivé, vivant l'expressionnisme comme un phénomène de mode. Ces films ouvrent les marchés étrangers au cinéma allemand. C'est grâce à un critique comme Louis Delluc, enthousiaste de *Caligari,* qu'est levée l'interdiction totale frappant les films allemands en France. Le succès de ce film est tel aux Etats-Unis qu'il est suivi d'une « invasion allemande » (*Le Golem* de Paul Wegener, 1920, *Variétés* de E.A. Dupont, 1925, les films de Lubitsch). Cette mode déborde le seul expressionnisme et la confusion a pu se faire du film de Wiene à ceux de Lubitsch. Dans les années 1920, l'Allemagne produisait environ deux cents films chaque année. Seul un très petit nombre peut être qualifié d'expressionniste.

Le plus souvent on s'efforce de définir l'expressionnisme au cinéma en relevant les alliances avec d'autres arts : le théâtre (le jeu des acteurs, le travail des éclairages, certains sujets), l'architecture (les décors) qui devient prépondérante : il s'agit de façonner l'espace selon une composition dont l'influence s'étendra à tous les éléments constitutifs de l'image (les accessoires, les acteurs...). De là un nombre important de décorateurs : Rochus Gliese, Robert Herlth, Otto Hunte, Hermann Warm, Walter Röhrig, Walter Reimann... Celui de *Nosferatu* (il en est aussi le producteur), Albin Grau, réclame un effet pictural dont la responsabilité incombe à l'architecte-peintre. La manière dont le décor est utilisé ainsi que la picturalité sont perçues comme des caractéristiques de ce cinéma. Les films strictement expressionnistes, dans la suite de *Caligari,* sont ceux de Wiene (*Genuine,* 1920, *Raskolnikov,* 1928) et de Karl-Heinz Martin (*De l'aube à minuit,* 1920) : selon le théoricien Béla Balàzs, l'expressionnisme cherche à révéler « la physionomie latente des choses ». La catégorie de physionomie met en avant le pouvoir qu'a le cinéma de visagéifier les objets et celle de *Stimmung* la vie non psychologique, spirituelle, intensive qu'en Allemagne il suggère. Les expressionnistes rompent avec toute unité ou totalité organique et mettent en avant la vie non organique des choses, « une puissante germination préorganique ». Cette forme s'accomplit dans l'œuvre de Murnau (*Nosferatu,* 1922, *Le Dernier des Hommes,* 1924, *Faust,* 1926, et peut-être *L'Aurore* réalisé en 1927 à Hollywood) et dans des films comme *Le Montreur d'ombres* (1922) de Arthur Robison ou *Le Cabinet des figures de cire* (1924) de Paul Leni. Elle est décelable encore dans ce cinéma de chambre, si éloigné des films caligaresques, le *Kammerspiel,* illustré par Lupu Pick (*Le Rail,* 1921, *La Nuit de la Saint-Sylvestre,* 1923), Karl Grune (*La Rue,* 1923) ou Ewald André Dupont (*Variétés,* 1925).

Les Soviétiques

Les Soviétiques observent les cinémas allemand et américain et en tirent les leçons pour leur propre compte. Certains comme Lev Koulechov ou Vsevolod Poudovkine prennent acte du système représentatif mis en place aux Etats-Unis et décident de l'adapter aux besoins de la société soviétique (l'expérience de Koulechov qui consiste à juxtaposer le même visage impassible d'un acteur avec des plans diversifiés n'est que la démonstration d'une règle de base du montage « classique »). Le premier, ainsi que ses élèves, Boris Barnet ou Fedor Ozep, réalisent des œuvres parodiques se servant pour les retourner des genres populaires d'outre-Atlantique (*Les Aventures extraordinaires de Mr West au pays des Bolcheviks,* 1924 ; *Le Rayon de la mort,* 1925 ; *Miss Mend,* 1926, de Ozep et Barnet), le second approfondit la leçon griffithienne en travaillant plus particulièrement les problèmes rythmiques (*La Mère,* 1926, *La Fin de Saint-Petersbourg,* 1927, *Tempête sur l'Asie,* 1929). Les artistes de la F.E.K.S. (Fabrique de l'acteur excentrique), Grigori Kozintsev et Leonid Trauberg, vont chercher leurs modèles du côté du *slapstick* américain et du caligarisme : le film le plus important de ce groupe est *La Nouvelle Babylone* (1929), un hommage à la Commune de Paris. Les deux grands artistes-théoriciens soviétiques sont Dziga Vertov et Serge Mikhailovitch Eisenstein. La pensée radicale du premier s'exprime dans la théorie du ciné-œil (*kino-glaz*) et dans une œuvre qui comporte la série des *Kino-Pravda* et *L'Homme à la caméra* (1929). Ses adversaires sont Hollywood et Eisenstein qui, de son côté, le prend également volontiers pour cible. Quoi qu'on puisse penser de l'attitude d'Eisenstein à l'égard du régime stalinien (il eut à en souffrir comme il eut à souffrir de Hollywood ; deux de ses films furent rejetés dans les limbes, *Le Pré de Béjine,* 1935-1937, et *Que viva Mexico !* 1931-1958 ; par ailleurs, il se refusait à la solution de l'exil), il demeure l'artiste le plus remarquable de cette époque en Union soviétique pour les raisons que dit Barthélemy Amengual :

> Parce que Eisenstein a mené de front production artistique et réflexion critique, qu'il a eu la hantise de définir scientifiquement — par la praxis et par la théorie — une esthétique marxiste du cinéma ; qu'il a, sa vie durant, poursuivi la conscience la plus exacte de son art et œuvré selon une volonté très valéryenne de lucidité dans la création ; qu'il a savamment analysé ses propres films ; et encore, qu'il a tracé des milliers de dessins prodigieux, on a pu très légitimement dire de lui qu'il est le Léonard de Vinci du cinéma. Si l'on veut bien se rappeler dans quel climat d'ambitions démiurgiques s'épanouirent les avant-gardes soviétiques éveillées par Octobre 1917, cet esprit d'utopie et de science mêlées, cette volonté de construire une culture productive pour un homme rationnel et lyrique dans une société rationnelle et exaltante, on voit qu'Eisenstein, loin d'échapper aux normes de son époque, est bien un fils de la Révolution, l'un de ses fils prestigieux.
>
> (*Que viva Eisenstein !* p. 21.)

Les cinéastes soviétiques partagent une même conception fondée sur la dialectique marxiste, mais à l'intérieur de cette conception chaque grand réalisateur illustre une loi différente de la dialectique : Vsevolod Poudovkine, Alexandre Dovjenko (*Arsenal,* 1929, *La Terre,* 1930), S. M. Eisenstein (*La Grève,* 1924, *Le Cuirassé Potemkine,* 1925, *Octobre,* 1927). Quant à Dziga Vertov, il serait le représentant d'une image perception, annonçant certaines formes de cinéma expérimental ; le filmage, selon lui, doit être déjà montage, soit que la prise de vues anticipe, préétablit l'ordonnancement du film, soit que tout le matériel tourné se retrouve dans le résultat final, stratégies qui seront prônées par les cinéastes faisant appel à l'improvisation ou dans certaines formes de cinéma direct. Issue de ces âpres débats de fond qui agitent de fortes personnalités, la richesse du cinéma soviétique des années 1920, réside aussi dans les échos qu'il trouve au long du siècle dans les pays les plus divers.

L'avant-garde française

Le montage en France relève d'une tendance quantitative ; c'est la quantité de mouvement (absolue ou relative) qui compte ; elle aussi déborde l'organique. Henri Langlois fait débuter l'histoire de l'avant-garde française (nommée « impressionniste ») avec *La Folie du docteur Tube* (1916) d'Abel Gance (*La Roue,* 1924, *Napoléon,* 1927) et insiste sur le fait que Louis Delluc ou Germaine Dulac (l'un et l'autre ont collaboré à la réalisation de *La Fête espagnole,* 1919) pensent le cinéma en termes de musique, de ballet, de cadence.

> Car en 1920 (...) nos cinéastes (...) avaient dépassé le stade de l'art muet, celui de la symphonie d'images et celui du cinéma subjectif. Ils écrivaient déjà des films avec une caméra ; ils en étaient déjà au langage cinématographique. Par ses recherches d'opposition de blancs et de noirs, par la signification qu'elle tendait à donner à chaque image selon l'angle de prise de vues, par l'enchevêtrement dans le montage des surfaces et des volumes, des temps courts et des temps longs, par le morcellement de plus en plus grand des

plans et leur simplification, notre avant-garde allait droit à l'hiéroglyphe cinématographique...

(Henri Langlois, *Trois cents ans de cinéma,* p. 235-236.)

Jean Epstein (*Cœur fidèle,* 1923, *La Chute de la maison Usher,* 1928) écrit : « J'avais pour règle, j'ai toujours pour règle (...) de ne monter que des longueurs de plans qui ont entre elles un rapport simple exactement comme en musique ». Marcel L'Herbier appartient aussi à cette première avant-garde française (*El Dorado,* 1921, *L'Inhumaine,* 1924, *L'Argent,* 1928). Il fait appel à des architectes-décorateurs comme Lazare Meerson ou Mallet-Stevens. L'alliance avec l'architecture, le théâtre ou la peinture n'est donc pas la caractéristique du seul expressionnisme. Les cinéastes soviétiques sont pris dans des mouvements comme le Formalisme, le Futurisme, le Constructivisme ou le théâtre Proletkult... A la fin des années 1920, en France, cinéma et surréalisme font un court bout de chemin ensemble (à travers les deux films de Luis Buñuel et Salvador Dali, *Un chien andalou* 1928, et *L'Age d'or* 1930). Ces croisements entre les mouvements artistiques et le cinéma se redoublent d'une intense réflexion théorique qui montre qu'on se trouve partout dans une phase d'exploration fiévreuse et enthousiaste. Aux Etats-Unis même, Cecil B. DeMille fait appel à un représentant des Arts déco, Paul Iribe, dessinateur, caricaturiste et modéliste chez Paquin, puis chez Poiret à Paris. Cette collaboration s'étend de 1919 (*L'Admirable Crichton,* film pour lequel Iribe dessine les robes de Gloria Swanson) à 1927 (*Le Roi des Rois*) ; le décor du palais de Ramsès dans *Les Dix Commandements* (1923) a été dessiné par le même Iribe. Avant de devenir un honnête artisan hollywoodien capable de s'adapter à tous les genres, le Français Robert Florey réalise avec Slavko Vorkapich en 1927 un film d'avant-garde, *The Life and Death of 9413, A Hollywood Extra.*

Les cinémas indépendants

Il était une fois, dans une jolie basse-cour de la région lyonnaise, deux canes qui n'aimaient rien tant que le soleil. On les appelait pour cette raison les sœurs Lumière. La belle saison venue, elles pondirent de concert une flopée d'œufs. Des canetons en sortirent l'un après l'autre, tous semblables sauf un, qui paraissait grand et laid. A cause de cela, il devint bientôt le souffre-douleur de ses frères — et particulièrement de ceux qui répondaient aux beaux noms de Narratif et Commercial.

(Dominique Noguez,
« Le vilain petit canard du cinéma », in *Le Cinéma,* p. 88).

Il s'agit de ce fameux canard aux noms divers : cinéma indépendant, différent, d'avant-garde, de poésie, souterrain *(underground),* etc. Si l'expérimentation a toujours existé, la tradition de l'avant-garde date des années 1920 et ne s'est pas interrompue : Cocteau (*Le Sang d'un poète,* 1931), Man Ray, Epstein, Cavalcanti, Hans Richter, Walter Ruttman, jouent un rôle important, notamment aux Etats-Unis pour les artistes de l'avant-garde des années 1940 et suivantes, Maya Deren, Williard Maas, Marie Menken, Carmen D'Avino..., puis Robert Breer, Peter Kubelka, les frères Mekas, Kenneth Anger, Shirley Clarke, Jack Smith, Andy Warhol, Stan Brakhage, Gregory Markopoulos, Takahiko Iimura, Werner Nekes, Steve Dwoskin, Michael Snow..., sans oublier les cinéastes d'animation comme Patrick Bokanowski, Norman Mc Laren ou Youri Norstein. La plupart des films de ces réalisateurs sont mal connus, sinon invisibles, pour des raisons simples à comprendre (absence de réseau de distribution et rejet des spectateurs habitués au cinéma narratif) ; quelques-uns cependant ont permis à leurs auteurs de se faire une réputation. Si Marcel Hanoun est resté relativement dans l'ombre, il n'en a pas été de même pour Marguerite Duras (*India Song,* 1965) et Chantal Akerman (*Les Rendez-vous d'Anna,* 1978). Le cinéma dit « moderne » est parfois l'exploitation à doses plus homéopathiques des innovations des « souterrains » (les travaux de McLaren sur les lettres inspirent des génériques de Jean-Luc Godard, etc.). Certaines des réalisations dans le domaine de l'art vidéo reprennent ou prolongent celles des cinéastes dits expérimentaux.

Dominique Noguez affirme :

Est « expérimental » tout film où les préoccupations formelles sont au poste de commande. (...) On entend par « préoccupation formelle » tout souci lié à l'apparence sensible ou à la structure de l'œuvre, compte non tenu du sens qu'elle véhicule.

Il prend un exemple :

La fonction référentielle (...) prime dans le récit, lui dictant ses lois d'économie et de transparence. (...) Un film étant de l'espace, du temps et du son (ou du silence) (...), on fera donc que la caméra cadre l'espace au plus juste, qu'il n'y ait pas une seconde de perdue, pas un son de trop. Ellipse partout. Mais inversons cette proposition : donnons de l'espace en plus, des moments sans rien, des sons immotivés — voilà la subversion du cinéma « expérimental »...

(*Eloge du cinéma expérimental,* p. 15 et 19.)

Cette définition n'est pas très éloignée de celle qui fut parfois donnée du cinéma « moderne ». Pour définir la « modernité » cinématographique un discours courant renverse en effet les termes de la définition de la grande forme : refus de la profondeur, de la linéarité, d'une certaine dramaturgie, de la lumière et du jeu d'acteurs qui lui sont liés ; insistance sur les moments de vacuité, sur les gestes sans finalité, mise en pointillé de ce qu'aurait décrit la grande forme, instauration d'une temporalité distendue (Marguerite Duras, Théo Angelopoulos...), utilisation de faux raccords, etc.

Dans les années 1950-1960, le cinéma peut dialoguer d'égal à égal avec les autres arts, le théâtre, la peinture (Antonioni et Bresson, Kurosawa et Pialat sont ou auraient aimé être des peintres) et la littérature en particulier. Claude Ollier, qui est écrivain, dans un « Projet de lettre à Jean Ricardou » de 1968, constate :

Attirer l'attention, maintenant, sur le parallélisme (en dépit de l'usage de techniques irréductiblement étrangères) de certaines démarches actuelles dans les domaines du livre et du film. Dans le champ de la révélation du lieu, justement. Quelques exemples récents, parmi les plus probants : *Rysopsis* et *Walkover,* les deux premiers films de Skolimovski, *Gare du Nord* de Jean Rouch, *Made in U.S.A.* et *Deux ou trois choses que je sais d'elle* de Godard...

(*Souvenirs écran,* p. 21 et 23.)

D'ailleurs la théorie de la caméra-stylo d'Alexandre Astruc comme le retour de Robert Bresson au mot « cinématographe » indiquent bien le souci d'écrire et donc de rivaliser consciemment avec d'autres formes artistiques.

L'image directe du temps (le modernisme)

La grande forme a exploré une des combinaisons possibles des images avec les silences et les sons, mais elle les a assujettis à une finalité déjà existante : ils viennent remplir un vide, leur place était déjà programmée. En revanche, leur venue entraîne les conditions d'une image directe du temps au lieu de l'image indirecte qui résulte de l'image-action. Que se passe-t-il ?

> ... les perceptions et les actions ne s'enchaînent plus, et les espaces ne se coordonnent plus ni ne se remplissent. Des personnages, pris dans des situations optiques et sonores pures, se trouvent condamnés à l'errance ou à la balade. (...) Ils sont plutôt livrés à quelque chose d'intolérable, qui est leur quotidienneté même. C'est là que se produit le renversement : le mouvement n'est plus seulement aberrant, mais l'aberration vaut maintenant pour elle-même et désigne le temps comme sa cause directe. (...) Ce n'est plus le temps qui dépend du mouvement, c'est le mouvement aberrant qui dépend du temps. (...) L'image-temps directe est le fantôme qui a toujours hanté le cinéma, mais il fallait le cinéma moderne pour donner un corps à ce fantôme.
>
> (G. Deleuze, *L'Image-temps,* p. 58-59.)

A partir du moment où l'on dit que l'image-temps peut apparaître dès qu'un travail sur les écarts entre image et son est possible, on constate que, dès les années 1930, des œuvres comme *La Chienne* (1931) de Jean Renoir, *Vampyr* (1932) de Carl Dreyer ou *L'Atalante* (1934) de Jean Vigo, en totalité ou fragmentairement, travaillent déjà dans cette direction comme le font :

• aux Etats-Unis : Orson Welles (pour toute son œuvre, où il explore les nappes de passé), et un film comme *La Nuit du chasseur* (1955) de Charles Laughton d'après un scénario de James Agee, Jerry Lewis qui

fait éclater la narration en micro-histoires reliées de la façon la plus lache (*Le Dingue du Palace,* 1960, *Le Tombeur de ces dames,* 1961, *Le Zinzin d'Hollywood,* 1962), Monte Hellman (*The Shooting,* 1966) et John Cassavetes (*Shadows,* 1961, *Faces,* 1968)...
• au Japon : « Ozu emploie ici *[Le Goût du saké]* très peu de couleurs et en joue à la fois pour compliquer son édifice formel par des variations de lumière sur ces couleurs, pour obtenir de nouvelles atmosphères, et pour accroître la complexité du contenu même du film. Des couleurs franches (vert, rouge, jaune, bleu) sont répétées non pas en vue d'une vraisemblance réaliste, mais pour créer une imprégnation sensorielle » (Jean-Claude Biette, *Poétique,* p. 43). L'œuvre de Mizoguchi (*Les Contes de la lune vague après la pluie,* 1953 ; *Les Amants crucifiés,* 1954...) « restitue au monde visible son caractère sacré : par ces soudaines ouvertures d'espaces (les plus beaux mouvements de caméra jamais conçus par un cinéaste) qui exilent les êtres ou les jettent les uns contre les autres, il exalte la profondeur de champ jusqu'au point de lui faire exprimer, par une sorte d'induction d'ondes qui prolongent les acteurs-personnages, l'immensité de la vie » (*id.,* p. 129).
• en Inde : Claude Ollier écrit du *Monde d'Apu* (1959) de Satyajit Ray :

> Le film donne de ce temps multiple, fluide, malléable, de très sensibles, de très fidèles reflets ; beautés du temps qui se ralentit et s'immobilise, d'une durée qui se crispe et se répète, saisie malgré tout dans le cours du devenir, perception de l'instant qui s'incurve et se contracte — toutes les modalités du temps fixées simultanément sur l'écran par la projection d'une pellicule qui n'a pu, par définition, en fixer que quelques-unes, et ce par l'effet d'une pure illusion d'optique, illusion d'une continuité renvoyant elle-même à une réelle discontinuité des perceptions, de leurs agencements et de leurs retours — fixées sur l'écran par une technique de déroulement d'images essentiellement tributaire de la chronologie, voilà le miracle d'un art capable de toute exploration du monde comme de toute investigation intérieure...
>
> (*Souvenirs écran,* p. 164-165.)

Claude Ollier décrit une image-temps qui évoque celle que Gilles Deleuze appelle l'image-cristal illustrée par Jean Renoir, Luchino Visconti (qui approfondit la leçon de Renoir relative au dispositif théâ tral) et Federico Fellini. Visconti a l'un des styles les plus hermétiques de l'histoire du cinéma ; son œuvre est l'une des plus surprenantes par ses sautes (quoi de plus différent que *Ossessione,* 1942 ; *La Terre tremble,* 1948 ; *Bellissima,* 1951 ; *Les Nuits blanches,* 1957 ; *Senso,* 1953 ou *Sandra,* 1965 ?) et par les décalages qu'elle manifeste à l'égard de son temps : quand la mode est au néo-réalisme, Visconti s'en écarte, et quand elle est à la modernité, il feint d'être tenté par l'académisme pour élaborer des images-temps subtiles et cachées. Il faut joindre à ces noms ceux de Luis Bunuel, « le plus grand des ironistes » (Daney), de S. M. Eisenstein dont le dernier film, *Ivan le Terrible,* propose à travers son personnage qui est pratiquement le seul à vieillir, une image-temps étendue à ses deux parties, de Josef von Sternberg, *Fièvre sur Anatahan* (1953), de Carl Dreyer, *Gertrud* (1963-64), d'Alfred Hitchcock, *Les Oiseaux* (1963), de Jean Renoir, *Le Carrosse d'or* (1952), de John Ford qui est avec Dreyer celui qui a commencé à travailler le plus tôt (la fin des années 1910) ; il a contribué à mettre en place la forme « classique » ; mais dès *La Charge héroïque* (1949) il s'en éloigne et toutes ses dernières œuvres sont au-delà, *L'Homme qui tua Liberty Valance* (1962) ou *Frontière chinoise* (1966), mais aussi *La Prisonnière du désert* (1956). Son travail sur un décor (*Monument Valley*) à travers sept films est d'une nouveauté étonnante ; il constitue un théâtre de la mémoire unique dans toute l'histoire du cinéma. Ces réalisateurs ont atteint leur point de « modernité » après avoir traversé les années profondes : leurs dernières œuvres, qui constituent autant de moments sublimes de l'histoire du cinéma, sont donc le résultat d'une sédimentation — elles lancent vers l'avenir des appels en morse : Prodigieuse histoire que celle du cinéma où un homme comme John Ford peut avoir rencontré Griffith et Godard. La période qui va de 1955 à 1965-70 offre une sorte de prisme de temporalités différentes, une véritable image-temps à elle toute seule. Alors, tout fait retour, et tout repart pour un tour.

L'adjectif « moderne » sert à désigner une nouvelle génération de cinéastes (Antonioni, Godard, Resnais, Cassavetes...) et les réalisateurs plus anciens dans lesquels cette nouvelle génération (en France du moins) se reconnaît : Bresson, Tati, Pagnol, Guitry, Cocteau, Bergman. Bergman pour le travail sur l'acteur, les autres pour le son, la voix, le texte, le rapport à la littérature (Bresson adapte Diderot, Bernanos, Dostoievski ; Pagnol, Guitry, Cocteau sont des écrivains). Le son devient un enjeu primordial et le documentaire un lieu où de premières expériences purent être effectuées. L'utilisation du commentaire dit en voix off assène le plus souvent un sens. Pascal Bonitzer montre comment cette utilisation peut être subvertie :

> Si donc l'unité de la voix et du sens dans le commentaire off définit un régime de maîtrise ou d'oppression, c'est peut-être à partir de sa scission qu'une autre politique (ou érotique) de la voix off pourrait commencer à se définir. C'est quelque chose de cet ordre qu'avait calculé Buñuel dans *Las Hurdes* : le commentaire y est froid, mais l'image hurle. Sur l'image ça crève, ça pourrit, ça grimace atrocement, et, à force, la retenue, la réserve du commentaire devient étrange, l'atonie de la voix inquiétante, comme si l'abîme entre le cri muet de l'image et le discours de la voix off était imperceptiblement traversé d'un rire silencieux qui démentait le dit de cette voix. Cette voix, on finit par l'entendre. A partir du moment où on l'entend — son discours — qui n'est jamais que celui de la maîtrise — se trouve menacé, la fonction du commentaire est en défaut, celle du documentaire est mise en cause. Ce qui est calculé dans *Las Hurdes,* c'est une mise à l'épreuve radicale de la maîtrise du commentaire, de l'impérialisme, du colonialisme fonciers du documentaire.
>
> (*Le Regard et la Voix.*)

Une autre expérience dans le domaine du documentaire consiste à superposer l'image rugueuse et prosaïque à l'image-rêve, comme l'ont fait Jean Vigo (*A propos de Nice,* 1929, et *L'Atalante,* 1934), Jean Grémillon (*Lumière d'été,* 1943, et *Haute Lisse,* 1956) ou Georges Franju (*Le Sang des bêtes,* 1949, et *Les Yeux sans visage,* 1960).

• Robert Bresson (*Un condamné à mort s'est échappé,* 1956, *Pickpocket,* 1959, *Au hasard Balthasar,* 1966). La diction monocorde de ses acteurs qu'il appelle des « modèles » est ce qui a d'abord frappé dans son cinéma. « Tenir sa bouche, c'est bien une préoccupation du cinéma français, pas seulement chez Bresson et Tati. (...) Relativement à la voix, on trouve en France les tentatives les plus originales (Bresson, Tati, Duras, Godard, Straub, etc.) ... Après Cocteau et Guitry, ce cinéma continue à être plus que jamais cinéma des voix — ce qui est plus et autre chose que cinéma littéraire. Cinéma d'obsessionnels de la voix, où dire un mot est une pathétique affaire » (Michel Chion, *La Voix au cinéma,* p. 73 et 75). Bresson, c'est aussi un espace morcelé, des corps pris dans des angles coupants, une construction hachée, un monde dépouillé mais sensuel dans son ascétisme et son abstraction.

• Jacques Tati (*Jour de fête,* 1948, *Les Vacances de M. Hulot,* 1953, *Mon Oncle,* 1958). Il va dans la même direction que Bresson pour ce qui est du son et de l'acteur. Il est aussi le plus grand documentariste français, selon Serge Daney : « Il lançait des coups de sonde d'ethnologue rigolard dans la société française, la seule qui l'intéressait et parce qu'il en faisait tellement partie, la voyant comme une tribu sympathique mais en perpétuel devenir » (*Ciné,* p. 134).

• Ingmar Bergman (*Monika,* 1952, *Les Fraises sauvages,* 1957, *Le Visage,* 1958). Il travaille « les visages et les corps, avec tout ce silence neuf autour d'eux (...) une recherche qui n'était éloignée de celle de Bresson que par la méthode, un au-delà des acteurs contre un en-deçà des modèles » (Jean-Claude Biette, *Poétique,* p. 111-112).

Les nouvelles vagues

Barthélemy Amengual a bien décrit ce qu'a été la **Nouvelle Vague**, c'est-à-dire les premiers films (jusqu'en 1965 environ) des anciens rédacteurs des *Cahiers du Cinéma* (*A bout de souffle,* 1959, de Jean-Luc Godard, *Les Mistons,* 1957, de François Truffaut, *Paris nous appartient,* 1959, de Jacques Rivette, *Sous le signe du lion,* 1959, d'Eric Rohmer...) :

> Liberté de ton, liberté de langage pour commencer. (...) Libérée, la construction même du film est rendue à l'ordre de la conversation, de la narration familière, entrecoupée d'anecdotes, de devinettes, et de charades, sans rapport évident avec l'intrigue. Libres, décontractés, les dialogues cherchent le naturel dans un français parlé qui n'exclut pas, s'il le faut, l'allusion poétique et le commentaire littéraire en voix off. (...). Mais Marcel Pagnol,

mais Sacha Guitry, réhabilités, défendus, admirés pour leurs mérites de cinéastes, enseignent une autre théâtralité, un jeu assumé, ironique, arboré comme jeu ; alors que Jean Rouch, avec *Moi, un noir* (1958), donne l'exemple d'un film qui intègre le *jeu vécu* et la vérité ethnographique. (...) Sa plus grande liberté néanmoins, cela ne fait aucun doute, la Nouvelle Vague l'affirme sur le plan de l'écriture. (...) Plus de transitions explicatives, de champs alternant avec leurs contre-champs, de ponctuation conventionnelle, de trucages codés : fondus, enchaînés, volets (sont réadoptés, en revanche, quelques-uns des signes tombés en désuétude depuis la fin du muet : arrêt sur l'image, « cartons », iris). Plus de raccords obligés selon la logique du thème, du mouvement physique, de la vraisemblance temporelle, de l'harmonie plastique.

(Barthélémy Amengual, in *Le Cinéma,* p. 65-66).

La Nouvelle Vague ne constitue pas plus à elle seule le renouvellement du cinéma français que D.W. Griffith ne découvre à lui seul les fondements de l'image-action. Alain Resnais, Chris Marker (*La Jetée,* 1963), Agnès Varda (*Cléo de 5 à 7,* 1961) jouent aussi leur rôle, d'autant que les courts métrages d'Alain Resnais (*Nuit et Brouillard,* 1955, *Le Chant du Styrène,* 1958) et surtout *Hiroshima mon Amour* (1959) qui a fait l'effet d'une vraie bombe, ont ouvert une brèche dans l'académisme ambiant et imposé leur auteur comme un cinéaste du temps (ses films suivants, *L'Année dernière à Marienbad* (1961) et *Muriel* (1963) confortent sa position).

Le cinéma italien, lui, enregistre de la déperdition. 1960 est l'année de *L'Avventura* d'Antonioni, autre coup de tonnerre, 1961 celle de *Accatone* de Pasolini, 1962 celle de *Huit et demi* de Fellini. « La dédramatisation, l'incommunicabilité, la difficulté de vivre, le poids du temps, la révolution des sentiments, propres aux films d'Antonioni, vont retentir sur nombre de cinéastes, ceux des pays socialistes particulièrement (la Hongrie) ». Parmi les Hongrois, Miklos Jancso et Andreas Kovacs sont les plus connus. (B. Amengual, in *Le Cinéma,* p. 67).

• Antonioni est le réalisateur des espaces vides et déconnectés. Rendant compte de *L'Eclipse,* Claude Ollier écrit : « Tout se passe comme si, au drame traditionnel avec conflits, suspense, résolution, se substituait, par le truchement d'un de ces récits en forme de chronique qu'affectionne l'auteur (chronique : les événements décrits pas à pas, dans l'ordre et le sens de la marche), une sorte de "drame optique" vécu par le personnage élu, auquel la caméra s'attache avec une prédilection attentive » (*Souvenirs écran,* p. 86).

• Pasolini est intéressé par le discours indirect libre. Dans *La ricotta* (1963), « l'interview du metteur en scène (Orson Welles) s'inscrit de manière ambiguë entre la première personne (Pasolini) et la troisième personne du metteur en scène, glorieux et routinier, de tableaux moins vivants que les multiples éléments triviaux qui les composent. (...) C'est avec une joie cruelle que les films imparfaits, rugueux et parfois maladroits de Pasolini (...) s'acharnent sur le corps embaumé du cinéma » (Jean-Claude Biette, *Poétique,* p. 86-87).

• Fellini a développé l'essai libre (*Fellini-Roma,* 1971 ; *Intervista,* 1989...), un genre que les cinéastes qualifiés de « modernes » affectionnent : Welles (*Vérités et Mensonges,* 1974 ; *Filming Othello,* 1979) comme Godard (*Allemagne neuf zéro,* 1991), Marker (*Le fond de l'air est rouge,* 1977) ou Antonioni (*La Chine,* 1972). « On se dit moins que Fellini est un grand visionnaire qu'on ne constate qu'il est avant tout un grand réaliste. Sans lui, peut-être oublierions-nous définitivement à quoi ça ressemble, Rome et ses encombrements, une pluie sur les panneaux de pub, un hôtel surgi n'importe où, un faux jour installé pour de bon sur les activités criardes et vaguement efficaces des hommes » (S. Daney, *Devant,* p. 78).

Les formes plus contemporaines du cinéma dit « moderne » s'expriment toujours à travers drames optiques, discours indirect libre, essai..., et de façon souvent quintessenciée (Godard, *Puissance de la parole,* 1988 ; Straub, *Moïse et Aaron,* 1974 ; Philippe Garrel, *Le Lit de la Vierge,* 1969, Hans-Jürgen Syberberg, *Hitler, un film d'Allemagne,* 1977 ; Raoul Ruiz, *L'Hypothèse du tableau volé,* 1978...). Elles apparaissent comme autant de manifestations de résistance à la production dominante et de survie d'un cinéma d'auteur dans lequel compte d'abord l'écriture. On est bien loin des années 1920 où l'expérimentation n'était pas confinée à des ghettos. Parmi les œuvres des dix dernières années (1982-1992), les plus belles, donc les plus réconfortantes, figurent les films de Manoel de Oliveira, *Non ou la vaine gloire de commander* (1990), Chantal Akerman, *Toute une nuit* (1982), Otar Iosseliani, *Les Favoris de la lune* (1984), Nanni Moretti, *Palombella Rossa* (1989), Joao Cesar Monteiro, *Souvenirs de la maison jaune* (1990), Jim Jarmush, *Mystery Train* (1989), Krysztof Kieslowski, *Le Décalogue* (1988-1989)... Comme l'écrit Youssef Ishaghpour : « Il ne s'agit plus seulement de faire un cinéma différent, que le cours de l'Histoire réelle rend de plus en plus difficile, mais de sauver, avec la "magie" du cinéma sa capacité d'être quelque chose de plus, contre le "déjà filmé", le simulacre hyper-réel et publicitaire, plus vrai que l'original disparu de longue date » (*Cinéma contemporain,* p. 8.)

L'Histoire et ses limites

L'Histoire du cinéma ne saurait se résumer à un affrontement entre deux formes, une « classique » et une « moderne ». Cette opposition schématique (et nécessairement dogmatique) néglige la quasi-totalité du cinéma muet et les développements de ces vingt dernières années (sauf à invoquer une autre notion qui a fait long feu, celle de post-moderne) et elle est bien incapable de rendre compte du tout du cinéma entre les années 1930 et les années 1960. D'autres manières de procéder doivent être découvertes. Jacques Aumont, par exemple, propose un partage qui a le mérite de faire éclater la division :

> Il y a une lignée de cinéastes, un axe Keaton-Tati-Ozu-Dreyer, qui a fait de ces éléments-là (le mouvement, le geste, la lenteur et la vitesse, la physionomie chère à Balàzs, voire directement le temps), de préférence à tout autre, la formule même du cinéma ; on pourrait les étiqueter « cinéastes-chorégraphes », comme on a parfois baptisés « cinéastes-peintres » les cinéastes du cadre et du point de vue (de Bresson à Eisenstein), et comme on pourrait réserver le nom de « metteurs-en-scène » à ceux (la filiation

Renoir-Ford-Griffith) qui travaillent les étagements axiaux et le jeu du hors-champ, et rencontrent la peinture dans le commun héritage dramatique.
(*L'Oeil interminable,* p. 220 et 222.)

Nous ajouterons à cette classification, les cinéastes-« graphistes », « ceux de la ligne et de la surface », certains mouvements de caméra étant comme une calligraphie dont le tracé pour être perçu doit faire l'objet d'une transposition dans l'esprit ou dans le corps du spectateur.

Nous avons plutôt cherché à montrer comment le singulier des mots recouvrait une réalité très riche, complexe ou embrouillée. Les combinaisons des types d'images dont Gilles Deleuze a établi la taxinomie sont innombrables. A chaque moment de l'histoire, selon le lieu, elles entrecroisent leurs actualisations de façon serrée ; cet ensemble constitue un dispositif (au sens de Michel Foucault) avec ses lignes qui se répartissent en deux groupes : lignes de stratification ou de sédimentation, lignes d'actualisation ou de créativité. L'histoire ne peut rendre compte des secondes que dans la mesure où elles ont cessé d'être des lignes de créativité, mais elle peut aider, par son impuissance même, à se demander comment un dispositif se définit « par sa teneur en nouveauté et créativité, qui marque en même temps sa capacité de se transformer, ou déjà de se fissurer au profit d'un dispositif de l'avenir » : elle pose à chaque fois la question qui ne relève de sa compétence que *in abstentia* puisqu'elle parle de « ce que nous sommes et cessons d'être » et qu'elle suspend son discours devant l'actuel, « l'ébauche de ce que nous devenons ». L'Histoire, celle du cinéma comme les autres, est la différence des temps.

À CORPS PERDUS

Lueur glauque, en quelque manière abyssale, qui tient de la clarté soudaine sous la jupe qu'on relève d'une jambe qui se découvre

Aragon, *Le Paysan de Paris*

1. Les corps au cinéma

Acteur, spectateur, réalisateur

Il arrive qu'un réalisateur soit ému par un corps et décide de lui consacrer tout son savoir-faire : ce fut le cas de Griffith pour Lillian Gish, de Mauritz Stiller pour Greta Garbo, de Sternberg pour Marlène Dietrich, de Renoir pour Catherine Hessling, de Rossellini pour Ingrid Bergman, d'Antonioni pour Monica Vitti, de Jean-Luc Godard pour Anna Karina, de Jean Eustache pour Françoise Lebrun, etc. Ingmar Bergman a dit la vérité de cette relation vampirique. L'histoire du cinéma se devrait donc d'être aussi celle des corps.

Ceux des acteurs d'abord. Le cinéma a la possibilité de faire revenir des figures,

> de les faire revenir d'un passé où elles ont représenté pour un autre quelque chose d'unique. Les acteurs sont ces figures privilégiées : ils sont l'essentiel du dialogue entre les cinéastes. A cause d'eux, le cinéma ne peut pas être une simple succession de styles ou d'écoles et les phénomènes de filiation s'effectuent à travers les images nostalgiques, vieillies des mêmes corps. Le

> corps de l'acteur traverse le cinéma, il en est l'histoire véritable. Cette histoire n'est jamais racontée parce qu'elle est toujours intime, érotique, faite de piété et de rivalité, de vampirisme et de respect. Mais à mesure que le cinéma vieillit, c'est de cette histoire que les films témoignent de plus en plus.
> (S. Daney, *La Rampe,*p. 167.)

Les corps des spectateurs ont aussi une histoire, liée à celle du corps des acteurs en raison d'effets de mode. L'espace dans lequel les films sont vus s'est modifié selon les époques comme la nature du spectacle attaché aux projections publiques. Ces transformations influent bien entendu sur la réception des œuvres.

> L'histoire du cinéma et l'évolution de son public pourraient s'écrire à travers les lieux qui ont servi à son culte, des catacombes d'avant-hier aux chapelles d'aujourd'hui, en passant par les églises et les cathédrales d'hier : arrière-salles de café, voitures et tentes foraines, nickelodeons, théâtres et cafés-concerts reconvertis, gigantesques salles populaires des années vingt et trente (tel le « Gaumont-Palace »), salles moyennes de l'après-guerre, petites salles-salons des années soixante-dix...
> (Vincent Pinel, *Techniques du Cinéma,* p. 126.)

S. Daney propose une histoire du cinéma qui se raconterait à travers l'isomorphisme des entrées dans la salle et dans le champ, ce qu'il appelle une « ciné-démographie ». Il fut un temps où l'écran était très peuplé. « Beaucoup de monde voyait dans beaucoup de salles des films où il y avait beaucoup de monde. » Comment décrire une nation, une classe ? se demandent D.W. Griffith, S.M. Eisenstein, King Vidor, Abel Gance, Fritz Lang... Si le septième art est celui des masses, il se doit de les montrer, esclaves de *Métropolis* ou révoltés du *Cuirassé Potemkine.* Mais les salles se sont peu à peu vidées et l'on en est souvent arrivé à la situation suivante : « Aussi peu de spectateurs dans la salle que de personnages dans le film. Depuis longtemps, les cinéastes les plus lucides (ce sont en général les meilleurs) avaient ironiquement désigné les vêtements trop grands dans lesquels ils commençaient à flotter dangereusement. Il y a un effet d'écho dans un film comme *India Song :* il n'est pas fait pour la télé, il est fait pour une grande salle presque vide » (*Devant,* p. 148).

Un corps à ne pas oublier est celui du réalisateur. Fritz Lang insère un plan de ses mains dans chacun de ses films ; Hitchcock fait une apparition gag et transforme son obésité en signe publicitaire ; Renoir et Godard jouent occasionnellement dans leurs œuvres, le second prenant l'habitude de donner à lire son écriture ; Welles, lorsqu'il n'est pas à l'image, laisse sa voix sur la bande son ; inversement, tous les grands burlesques rêvent du moment où ils effaceront leur corps, fût-ce en le démultipliant (Tati, Lewis, Keaton)...

Les cinéphiles

Enfin, les films peuvent être envisagés selon l'accueil qu'ils demandent ou celui qu'on leur accorde. Certaines formes de cinéma ont presque toujours été reçues confidentiellement, dans des cercles restreints (l'animation, l'expérimental, l'engagé...), alors que d'autres ont cherché à atteindre « le grand public ». L'Histoire entraîne des retournements de situation étranges. A la suite d'une rétrospective des films de Feuillade à la Cinémathèque française, Claude Ollier écrit :

> Curieux destin, morose, que celui de ces « drames d'aventures », de ces « grands films de mystère », « grands ciné-romans d'aventures » et « ciné-romans hebdomadaires en douze épisodes », acclamés à leur sortie dans les baraques foraines et les salles de quartiers, aujourd'hui recueillis dans un musée, projetés en l'absence de tout accompagnement musical, autrefois consommés par petites heures au fil d'un trimestre, de nos jours restitués sur l'immense toile de Chaillot dans la continuité d'une seule séance de six heures, privés — à tort ou à raison — de ces nombreux titres et énoncés de missives, billets et télégrammes, qui seuls peuvent rendre l'histoire intelligible, et dont l'élision accidentelle ou volontaire bouleverse tout à la fois le rythme, le sens et les conditions de vision.
>
> (*Souvenirs écran,* p. 250-251.)

Le corps des films est un corps mortel, corps auxquels les spectateurs s'affrontent dans des joutes qui peuvent être amoureuses : dans ce corps-à-corps, il s'agit de savoir si tel film est un objet de séduction ou non pour tel individu ; le peuple des cinéphiles n'a pas hésité à fétichiser les œuvres, à en faire des objets d'amour total. Louis Delluc est à l'origine de la véritable critique de cinéma en France, il crée en janvier 1920 le mot ciné-club, et la chose prend corps au mois de juin la même année. En 1927, Léon Moussinac et Jean Lods fondent le premier ciné-club pour grand public, *Les Amis de Spartacus,* spécialisé dans la projection des films soviétiques interdits (il est dissous sur ordre du ministère de l'Intérieur). En 1929 est créée la première fédération des ciné-clubs. Le cinéma a dès cette époque ses théoriciens, ses critiques, ses historiens. Les rédacteurs des *Cahiers du Cinéma,* dans les années 1950, sont des cinéphiles qui ont regardé avec soin les films, lu et écouté André Bazin, été attentifs aux débats relatifs à l'ontologie de l'image cinématographique. Ils savent que le cinéma américain qu'ils aiment est épuisé (Godard l'écrit en 1958). Il leur faut enterrer les cinéastes qu'ils ont qualifié d'auteurs, pour pouvoir eux-mêmes accéder à ce titre, c'est-à-dire qu'il leur faut effectuer un travail de deuil. Le cinéma étant mortel il faut le diviniser pour le faire échapper aux contingences, mystique différente de celle des années 1920 et sensible dans le générique du *Mépris* (1963) ; s'ensuit une mythologie née de la Nouvelle Vague dont parle Barthélemy Amengual : « ces films-chocs, ces films-chemin-de-Damas qui ébranlent l'être, marquent une vie, scellent un destin » (« Une vie recluse en cinéma ou l'échec de Jean Eustache », in *Etudes cinématographiques* n° 153-155, 1986, p.72). Actuellement, c'est dans une autre revue, *Positif,* qu'il faut chercher l'esprit cinéphile ou ce qu'il en reste. Il y aurait à écrire une histoire des revues de cinéma (en France notamment depuis la création de *Cinéa* par Louis Delluc en 1921) qui serait en même temps une histoire du corps de la cinéphilie et une histoire de la vie intellectuelle dans ce siècle.

2. La cause et le symbole

Au cinéma, remarque Pascal Bonitzer, *la vision partielle,* qui est celle de la caméra et qui

> correspond à chacun de ses cadrages, à chacune de ses positions successives — et, étant en droit mobile, elle peut en assumer beaucoup — se double

pour ce qui est des spectateurs d'une vision bloquée, correspondant au dispositif de l'écran et de la projection. (...) Le spectateur de cinéma, c'est moins le prisonnier de la caverne de Platon, que l'infirme de *Fenêtre sur cour,* ou le héros de *Orange mécanique,* attaché sur son siège et contraint de garder les yeux ouverts devant un écran de cinéma où défilent des abominations. (Il est vrai que le spectateur de cinéma, lui, a le loisir de fermer les yeux devant des visions vraiment critiques). Si le cinéma a un rapport privilégié à l'érotisme à cause de la vision partielle (voyeurisme et fétichisme), il a un rapport privilégié à l'horreur à cause de la vision bloquée.

(*Le Champ aveugle,* p. 116.)

C'est ce que montre parfaitement *Un Chien andalou :* visions partielles (une croupe, des seins, des aisselles, une paume, une bouche — bouts de corps tous interchangeables), et vision bloquée (assister au célèbre sectionnement d'un œil par un rasoir). La vision partielle est liée au décorticage des corps à propos duquel Serge Daney opère une distinction essentielle reposant elle-même sur le partage des sexes :

Le corps morcelé, l'objet partiel, le crime sexuel, sont quand même profondément du côté de l'homme. Chez Duras, Akerman, Muratova — ou Grémillon (ce qu'il y a de féminin chez certains cinéastes) —, à chaque fois, on se rend compte que c'est une prise globale du corps, toujours ; les femmes ne découpent jamais le corps de l'homme. (...) La grande dissymétrie entre le désir du « côté mâle » et le désir du « côté femelle », c'est : pour l'homme, le corps de la femme est la cause de son désir ; pour la femme, le corps de l'homme est le symbole de son désir. Or le symbole est insécable : on ne le découpe pas. (...) En revanche, c'est le corps de la femme qui excite l'homme — et ce corps est toujours morcelable. Donc il appelle l'objet partiel, il appelle le plan, le découpage, le charcutage. (...) Dieu sait pourtant si c'est génial chez Sternberg, Mizoguchi ou Truffaut, qui sont des véritables obsédés de la femme. (...) L'invention du gros plan est quelque chose d'unique dans l'histoire de l'humanité : tout d'un coup, faire succéder le détail à l'ensemble. Cette invention, dès qu'elle a été possible, allait très violemment dans le sens de la peinture ; c'est très masculin. La cause du désir, c'est ce qui entraîne la métonymie. Le symbole du désir, c'est autre chose ; c'est une autre esthétique, un autre temps.

(*Devant,* p. 250-251.)

3. A L'USINE

La Sortie des usines Lumière montre un spectacle symbolique : d'une porte (un porche) ouverte sortent des corps — des hommes et des femmes qui sont les ouvriers des frères Lumière. Et pourtant ces ouvriers sont désœuvrés. Ils donnent l'impression d'être en attente de quelque chose. Ces corps sont encore sans vrai emploi. Ils ne font pas vraiment une foule.

Peu après, le cinéma « primitif » développe de petits sujets grivois où il est question de voyeurisme (lunettes d'approche et trous de serrure). Des hommes regardent des chevilles féminines dévoilées et la mariée à son coucher. Moins d'un siècle après, le cinéma pornographique peut être envisagé comme un retour au cinéma primitif :

> Caresses, étreintes et unions sexuelles de tous types se relaient, se juxtaposent, défilent comme les vitrines d'une baraque aux monstres, d'un musée Barnum, d'un Magasin de curiosités. (...) On a fait grief au cinéma porno de traiter la femme en objet. Mais tout ce qu'il montre y est objet pour cette raison qu'il n'est question que de regarder. Comme au zoo. (...) Comme les films-événements de la Société Lumière, comme les films-poursuites des Primitifs, le film porno offre au spectateur l'occasion imaginaire d'être ailleurs bien plus que celle d'être quelqu'un d'autre, de voir faire bien plus que de faire. C'est toujours la formule du « travellogue » : voyages exotiques aux pays des corps...
>
> (Barthélemy Amengual, « Du cinéma porno comme rédemption de la réalité physique », in *Cinéma d'aujourd'hui,* n° 4, hiver 1975-76, p. 25 et 29.)

Du corps (et non un corps individualisé) travaille à la chaîne, des organes interminablement turbinent. Le poids de cadavres dont l'Histoire des hommes a été lestée au XXe siècle a peut-être contribué à entraîner cette négation de l'espèce humaine à travers l'obscénité des images et des scénarios de films d'horreur sanglants (où le décorticage des corps devient un découpage au sens propre, à la tronçonneuse), comme à travers les machines non désirantes du cinéma pornographique.

4. AUTOMATES

Le cinéma allemand des années du muet donne libre cours à des corps tétanisés, hypnotisés à travers un certain nombre de films dits expressionnistes qui sont à la recherche d'une stylisation telle que seuls de rares acteurs (Werner Krauss, Conrad Veidt, Ernst Deutsch) ont été capables d'adapter leur jeu, ou d'inventer un jeu qui puisse s'adapter aux exigences stylistiques du décor. La créature d'argile qu'incarne Paul Wegener dans *Le Golem* est par sa forme un rappel plastique des architectures du film. Les gestes de Werner Krauss semblent naître des décors distordus de *Caligari*. Dans *Les Nibelungen* de Fritz Lang, les formations des chevaliers teutoniques répondent à l'architecture géométrique du château de Worms, tandis que l'univers chtonien des Huns est prolongé par les mouvements fluides au ras du sol des créatures qui le peuplent. Le corps anguleux de Max Schreck se moule aux architectures gothiques qu'habite Nosferatu. Leçon qu'Eisenstein retient quand, dans *Ivan le Terrible,* il intègre le jeu théâtral de Nikolai Tcherkassov.

Automates d'une autre sorte, les acteurs qui adoptent pour jouer « un système de gestes symboliques aussi rigide et universel que les rites d'une religion » ainsi que l'écrit le narrateur du roman de Elmer Rice, *Voyage à Purilia* (1928), qui observe et consigne les diverses manières d'exprimer les sentiments dans le cinéma muet américain : « Fermer les yeux, bien qu'étant éveillé, marque une preuve de souffrance intense, mais cette démonstration est uniquement réservée aux femmes ; chez les hommes, elle s'exprime par une bouche entr'ouverte et les points serrés », etc. Giorgio Agamben interprète ces répertoires de gestes en relation avec l'idée que la société occidentale au début de ce siècle a "perdu ses gestes" :

> La danse d'Isadora Duncan et de Diaghilev, le roman proustien, la grande poésie du *Jugendstil* de Pascoli à Rilke — enfin, de la façon la plus exemplaire, le cinéma muet — tracent le cercle magique au sein duquel l'humanité chercha pour la dernière fois à évoquer ce qui achevait de lui échapper à jamais.
>
> ("Notes sur le geste", *Trafic* n° 1, p. 33).

Ces gestes définitivement perdus, une solution consista à en rajouter dans l'automatisme : de là les modèles de Robert Bresson : « mécanisés extérieurement, libres intérieurement. Sur leur visage, rien de voulu » (*Notes sur le cinématographe*, p. 55-56) ; ils ne répondent pas à la distinction proposée par Jean Renoir entre les acteurs (le chien Rintintin) et les comédiens (Chaplin), ces derniers plus proches de la marionnette.

En partie automates et en partie marionnettes, les cascadeurs, corps d'emprunt anonymes et ductiles dans lesquels « l'âme (*vis motrix*) (...) coïncide à tout moment avec le centre de gravité du mouvement » (Kleist). Buster Keaton est l'accomplissement de cette grâce :

> Si Keaton est un corps céleste, il est soleil rayonnant de sa propre énergie, réglant son propre mouvement et s'imposant à l'univers selon une trajectoire souple et inflexible, intensément vibrante, dans un élégant et superbe accomplissement plastique.
>
> (André Martin)

5. Masques

A l'époque du muet, les pellicules utilisées (orthochromatiques, peu sensibles au rouge) obligeaient à un maquillage particulier : fond de teint très pâle, violet et rose pour les lèvres et les paupières : nous devinons ce masque dont les couleurs nous échappent cependant. Aux Etats-Unis principalement se font face le corps burlesque excrémentiel (les acteurs des films Keystone de Mack Sennett) et les stars au visage lisse (Garbo, la divine) : ils se rejoignent dans la figure impassible de Buster Keaton, masque cycladique, ou dans celle souriante de Douglas Fairbanks.

Le burlesque a d'abord été « un cinéma de pure dépense gestuelle, jambes agitées, bras battant l'air et yeux qui roulent (c'est-à-dire qui ne regardent pas) » (Pascal Bonitzer, *Le Champ aveugle,* p. 47). Plus tard, les acteurs de films de kung fu (Bruce Lee et ses épigones) donneront cette même impression de gestuelle débridée canalisée par une chorégraphie précise. Très proche et très différent du corps burlesque, celui du cinéma fantastique, le corps infiniment plastique de Lon Chaney à l'époque du muet, et celui de Boris Karloff lors du parlant. Le réalisateur Tod Browning (qui a dirigé le premier) a conçu l'œuvre-limite *Freaks* (1932) — limite parce que indépassable : les « monstres » y étant des acteurs occasionnels affectés de très réelles difformités, et non des acteurs bricolés par des trucages habiles ; les personnages qu'ils incarnent sont des êtres humains, sensibles et vulnérables ; le vrai monstre est le pasteur de *La Nuit du Chasseur* incarné par Robert Mitchum dont le corps obsédant bouche l'horizon de deux enfants.

6. Etoiles

L'invention du gros plan est liée, selon Godard, à l'apparition des stars et « la dictature de la vedette a un lien avec la dictature politique pure et simple » (*Histoire,* p. 140). Barthélemy Amengual revisitant le *star system* à partir de *Amarcord* de Fellini arrive au même constat : « Hollywood travaillait à garder le monde dans une adolescence perpétuelle, énervée mais soumise. Le fascisme aussi. Mussolini, pour être moins séduisant que William Powell n'en était pas moins une star, au centre d'une grande parade de gloire, d'espérance et de bluff », et « Fellini écrit (...) ''Je considère le fascisme comme une sorte de dégénérescence, au niveau historique, d'une saison individuelle — celle de l'adolescence — qui se corrompt et pourrit en proliférant monstrueusement, sans réussir à évoluer et à devenir adulte''. En ce sens, l'usine de rêves d'Hollywood pouvait donc être dite fasciste » (« Quatre feuilletons sur deux stars », et « le divisme », in *Cinéma d'aujourd'hui,* n° 8, mai-juin 1976, p. 44).

Serge Daney distingue, à la suite de Welles, la star de l'acteur : « Les stars étaient des acteurs avec (en plus ?) du relief, un poids de chair, un espace propre, une profondeur énigme. Corps barrés au plaisir, voués à son imitation, à la jouissance de décevoir toujours et de promettre encore » (*Ciné,* p. 121-122). La question de la star est : que peut un corps ? alors que celle du réalisateur est : comment un corps peut-il coexister avec autre chose ? Par conséquent une star n'a pas besoin d'auteur.

> ...Il suffisait que les stars figurent dans un maximum de gros plans, dont le nombre était fixé par contrat. Des « yesmen » géraient avec des talents divers ce capital-image. Le scénario et la mise en scène se traînaient aux pieds des stars et il y eut des façons sublimes de se traîner (Sternberg, Cukor). Mais la star, pour mieux briller, avait besoin d'un fond sur lequel se détacher et d'un paysage à éclairer. La star avait besoin d'acteurs pour la faire valoir. Des bras droits, des jeunes pleins d'avenir, de bons comédiens dans de sales rôles, des figurants parfois inoubliables.
>
> (*Ciné,* p. 104.)

Vers 1912, D.W. Griffith commence à éclairer les visages de ses actrices par derrière, créant une auréole lumineuse dans leur chevelure. L'heure des stars est arrivée, d'autant que deux pays donnent l'exemple, le Danemark avec Asta Nielsen, dans les films de Urban Gad (*L'Abîme,* 1910), et l'Italie avec ses *dive,* Lyda Borelli, Pina Menichelli, Francesca Bertini, Maria Jacobini. L'apparition des stars se produit dans les cinématographies qui sont alors les plus avancées. La grande période du *star system* a été celle du « classicisme » (des années 1920 aux années 1950 : de Clara Bow à Bette Davis, de Richard Dix à Clark Gable) et la star par excellence a sans doute été Greta Garbo. Les stars ont souvent un opérateur attitré (William Daniels pour Greta Garbo, Lee Garmes pour Marlène Dietrich). Il existe même un genre important : la photographie de star (voir les articles de Michel Ciment et Jacques Demeure dans *Positif* nos 266 et 274) et une qualité ou un style, la *photogénie*, sculpture du visage et du corps par la lumière et les ombres tamisées ou adoucies parfois à l'aide de tulles et de trames. Comme dit Louise Brooks : « Lorsqu'on y réfléchit, le souvenir que nous avons des stars ne vient pas des films mais d'une photographie essentielle. Lorsque je pense à Garbo, je ne la vois pas bouger dans un film particulier. Je la vois regarder fixement la caméra. »

Barthélemy Amengual montre que le corps de la star résulte toujours d'une juxtaposition de contraires.

La chance qui imposa, dix années durant, Greta Garbo star, peut être comparée à celle de Dreyer auteur de *La Passion de Jeanne d'Arc.* Si *La Passion de Jeanne d'Arc* reste une œuvre absolument privilégiée et irremplaçable, c'est que le drame de son héroïne rencontrait celui du 7e art. Comme Jeanne, le cinéma, alors, était réduit au silence. Tout le génie de Dreyer consista à bâtir sur cette rencontre. Le génie de Garbo et de ceux qui l'aidèrent à parachever son personnage fut de fonder, quant à eux, sur le paradoxe ontologique du cinéma, porté à ses conséquences extrêmes. L'être et le non-être s'y exaltent et s'y dévorent l'un l'autre sans trêve. L'évidence de la présence s'avive à l'évidence de l'absence. Dans le cinéma muet plus que dans l'autre, sans doute à cause de ses dépaysements d'aquarium.

Et Marlène :

Il devint clair que Marlène hébergeait en elle, inhumainement, deux êtres distincts et pourtant semblables, Jekyll et Hyde féminins, parfait collage surréaliste d'une jeunesse gardée intacte sur une vieillesse qui ne lui devait presque rien.

(« Quatre feuilletons sur deux stars », et « Le divisme »,
in *Cinéma d'aujourd'hui,* p. 37, 38 et 41.)

Et l'on sait que Marilyn Monroe, considérée souvent comme la dernière star, fut crucifiée par de tels écarts.

Parmi les vedettes féminines du parlant, Katharine Hepburn, Danielle Darrieux, Edith Clever et Silvana Mangano sont plutôt de grandes actrices, Ava Gardner, Brigitte Bardot, Sophia Loren (comme Joan Crawford, Brigitte Helm ou Isa Miranda) sont plutôt des stars ; Gary Cooper, Henry Fonda, Humphrey Bogart, Jean Gabin sont des stars, alors que Cary Grant, James Stewart, Michel Simon, Charles Laughton sont de grands acteurs. Mais Cyd Charisse, Gene Tierney, Joan Bennett, que sont-elles ? les stars « bis » d'un cinéma « maniériste » ?

7. Les revenants

Les stars des débuts quittaient les écrans avant de vieillir (Garbo, Louise Brooks, Valentino). Il a fallu un film comme *Sunset Boulevard* (Billy

Wilder, 1950), qui date presque de la fin du Hollywood « classique », pour faire revenir certaines d'entre elles (Gloria Swanson, Erich von Stroheim, Keaton...). Celles qui leur ont succédé ont, pour beaucoup, vieilli « en direct » (jusqu'à Clint Eastwood...) ; il a même été possible d'en suivre quelques-unes au seuil de la mort (John Wayne, Gary Cooper...). Le retour le plus émouvant est celui de Buster Keaton qui, humilié par le parlant, revient *in extremis* dans un film de Samuel Beckett et Alan Schneider, précisément intitulé *Film* (1968), pour exhiber une face crevassée, ravagée. Cette image est forte, comme celle de Chaplin dans *Un roi à New York*, parce que ces acteurs ont incarné un moment rare du cinéma mondial, quand leurs corps pouvaient à peu près tout et qu'ils appartenaient aussi à ce qu'on appelle une mise en scène.

8. Nouveaux corps

> Ce qui faisait que Garbo ou Dietrich étaient des stars, c'est qu'elles regardaient au loin quelque chose qui n'était quand même pas inimaginable. La modernité commence quand la photo de la *Monika* de Bergman transit une génération entière de cinéphiles sans que Harriet Andersson devienne une star pour autant. Ou quand les regards-caméra furtifs et insistants du *Pickpocket* de Bresson influencent tout le cinéma de la Nouvelle Vague, alors que le nom même de l'« acteur », du porteur de ce regard, est oublié.
>
> (S. Daney, *La Rampe,* p. 174.)

Le cinéma moderne invente donc des corps nouveaux (Jean-Paul Belmondo à ses débuts, Jean-Pierre Léaud, Bernadette Lafont, Juliet Berto, Bulle Ogier, Monica Vitti...), de nouvelles façons de bouger, d'autres rythmes, d'autres voix. Ensuite viendront les corps quelconques, sans qualités, et la nouvelle perception induite par la télévision :

> De même que la télévision nous a habitués à un monde où le "faux jour" a réduit la part de l'ombre, elle nous accoutume à des corps sans dos, réduits à la frontalité bête d'un recto sans verso. (...) Dans le cinéma tout pouvait devenir visage ; dans les médias tout est déjà visage.
>
> (S. Daney, *Devant,* p. 61.)

CONCLUSION : LES MORTS DU CINÉMA

Hommes de l'avenir souvenez-vous de moi

Guillaume Apollinaire, « Vendémiaire », *Alcools*

Le cinéma souffre et a souffert de plusieurs maux. D'abord, et surtout, du fait qu'il est une industrie, pour beaucoup il a été un moyen de gagner de l'argent, et, inversement, une source de contrariétés pour des cinéastes jugés trop peu commerciaux, qui n'ont pu pour cela réaliser les œuvres qu'ils auraient dû faire, Welles comme Tati, Stroheim comme Bresson. L'histoire du cinéma est aussi, comme le rappelle Gilles Deleuze, un martyrologe. La constitution de la firme United Artists aux Etats-Unis par Griffith, par le couple Fairbanks-Pickford et par Chaplin dans les années 1920 fut une manière pour ces artistes d'affirmer le désir de faire front. Entreprise désespérée. Autre point faible : le cinéma se démode très vite. Les films, dès qu'ils ont quelques années, paraissent marqués par le temps. Un autre handicap du cinéma est la fragilité de ses supports : le film en tant que pellicule se détériore et l'objet lui-même nécessite pour être « vu » d'être « projeté ». Ni sur l'écran, ni sur la pellicule, ni dans le rayon de lumière qui relie l'écran au projecteur, il est infiniment vulnérable.

Le cinéma est mort à plusieurs reprises.

La première vague de destruction a eu lieu aux alentours de 1920. Le cinéma avait évolué. Les exploitants ne voulaient plus de la production d'avant-guerre (...) La durée des films de fiction était passée de quinze ou vingt minutes à plus d'une heure. On lava, on brûla tout ce qui, selon l'expression de l'époque, faisait « vieux ciné » et c'est pourquoi le pourcentage mondial de perte sur les vingt premières années du cinéma est de l'ordre de 90%. La deuxième vague de destruction se produisit vers 1930, après le passage du muet au parlant. (...) Dans le monde des milliers de tonnes de films devinrent inutilisables. Ils étaient périmés. Ils partirent à la fonte. Le remplacement de la pellicule nitrate, c'est-à-dire inflammable, par la pellicule acétate dite de sécurité, a été plus discret mais presque aussi néfaste à la survie des images. Il a eu lieu au début des années cinquante...

(Raymond Borde, in *Le Cinéma*, p. 146.)

Parallèlement, des hommes et des institutions ont lutté et luttent pour protéger les œuvres de la destruction La première cinémathèque est créée à Stockholm en 1933. Suivent en 1934 le *Reichs film Archiv,* en 1935 le département film du Musée d'Art moderne de New York, la National Film Library (Londres), en 1936 la Cinémathèque française (fondée par Henri Langlois et Georges Franju), en 1938 la *Cineteca Italiana* et la Cinémathèque belge. Puis, après la guerre, Amsterdam, Rome, Lausanne, Copenhague, Madrid, Belgrade, en 1948 est fondé le *Gosfilmofond :*

A la vérité, les Russes avaient déjà des archives spécialisées dans les documentaires (1926) et un fonds rattaché à l'école du cinéma (1924). Mais leur grande supériorité était d'être à l'Est, c'est-à-dire dans un monde où la destruction des films n'a pas de sens économique. Ils ont tout gardé et le Gosfilmofond est aujourd'hui la cinémathèque la plus riche du monde (...) L'expérience soviétique a fait école et tous les pays socialistes ont des archives d'Etat qui disposent de moyens techniques remarquables.

(Raymond Borde, in *Le Cinéma,* p. 147.)

On peut imaginer sans peine que ces richesses, gérées selon des principes nouveaux, sont menacées. Il est d'autres dangers tout aussi graves, la télévision, les images de synthèse, sans doute, mais avant tout la disparition du cinéma de la mémoire des hommes. Le cinéma a vécu en grande partie dans la tête de ses spectateurs. Aujourd'hui il tend à s'effacer du lieu précisément qui nous le rendait précieux.

Le cinéma amorce sa « régression » dans les années 1960 :

> Cinéphilie, cinénécrophilie, modes rétros, goût du kitsch, cinéma célébrant le cinéma comme une nostalgie, "cinéma à l'ancienne" que l'on fait revivre dans de vieilles salles — et bientôt à la télé — avec esquimaux en stuc, ouvreuses momifiées, avant-programmes d'époque. Le cinéma réduit à son rite »
>
> (Serge Daney, *Ciné,* p. 6).

La publicité, en choisissant de rares images prélevées dans le seul cinéma américain, réduit l'histoire du cinéma à quelques stéréotypes. Le phénomène des films cultes dont les spectateurs récitent les répliques n'est pas sans évoquer les hommes-livres du roman de Ray Bradbury, *Fahrenheit 451* : à la différence qu'un livre peut être appris par cœur et transmis ainsi alors qu'il n'est même pas possible de sauvegarder un film de cette manière fragile, qui est notre seul recours contre l'inhumain.

A l'aube du cinéma, les frères Lumière filment une entrée et une sortie. Geste prémonitoire ? L'histoire ne s'arrête pas. « L'histoire des formes, archive, est doublée d'un devenir des forces, diagramme » (Gilles Deleuze, *Foucault,* p. 51). Cet avertissement nous rappelle à temps que, plutôt que de céder à la mélancolie et au pathos, il est préférable d'accompagner le devenir des forces en gardant un œil sur l'histoire des formes. Le dernier mot revient à Serge Daney :

> On attend toujours un nouveau film, qui va s'ajouter aux anciens, et qui donc change aussi la définition du cinéma — le cinéma est la somme de tous les grands films qui ont été faits, plus un (celui qui va venir) — pour ne jamais garder une définition close du cinéma »
>
> (*Devant,* p. 255.)

BIBLIOGRAPHIE

1. Dictionnaires et ouvrages généraux

LOURCELLES Jacques, *Dictionnaire des films,* coll. « Bouquins », Paris, éd. Robert Laffont, 1992.

PASSEK Jean-Loup, *Dictionnaire du Cinéma,* Paris, Larousse, 1992.

BEYLIE Claude et CARCASSONNE Philippe (sous la dir. de), *Le Cinéma,* Paris, éd. Bordas, 1980.

RAPP Bernard et LAMY Jean-Claude, *Dictionnaire des films,* Paris, Larousse, 1990.

2. Histoires générales

SADOUL Georges, *Histoire générale du Cinéma,* Paris, Denoël, 6 vol., 1975.

MITRY Jean, *Histoire du Cinéma,* Paris, Jean-Pierre Delarge, 5 vol., 1980.

D'HUGUES Philippe et MARMIN Michel (sous la direction de), *Le Cinéma, grande histoire illustrée du septième art,* Paris, Atlas, 1983.

Ces ouvrages sont utiles. Le plus ancien, celui de Georges Sadoul, bien qu'inachevé, demeure exemplaire.

3. Histoires nationales

Nous nous sommes limités aux ouvrages parus en français et, dans la mesure du possible, accessibles.

3.1. Afrique

BINET Jacques, BOUGHEDIR Ferid et BACHY Victor, *Cinémas noirs d'Afrique,* coll. « CinémAction », éd. L'Harmattan, 1983.

BERRAH Mouny, BACHY Victor, BEN SALAMA Mohand et BOUGHEDIR Ferid, *Cinémas du Maghreb,* coll. « CinémAction » n° 14, printemps 1981, éd. Papyrus.

BRAHIMI Denise, *Cinémas d'Afrique francophone et du Maghreb,* Paris, Nathan, coll. « 128 », 1996.

CLUNY Claude-Michel, *Dictionnaire des nouveaux cinémas arabes,* coll. « La Bibliothèque arabe », éd. Sindbad, Paris, 1978.

3.1. Amérique du Nord

• CANADA :

VERONNEAU Pierre (coordonné par), *Les Cinémas canadiens*, éd. Lherminier/ Filméditions, 1978.

COULOMBE Michel et JEAN Marcel, *Le Dictionnaire du cinéma québécois*, Montréal, éd. du Boréal, 1988.

• ÉTATS-UNIS :

BOURGET Jean-Loup, *Le Cinéma américain 1895-1980*, Paris, éd. PUF, 1983.

BOURGET Jean-Loup, *Hollywood. La norme et la marge*, Paris, Nathan Université, 1998.

TAVERNIER Bertrand et COURSODON Jean-Pierre, *50 ans de cinéma américain*, Paris, Nathan, 2 vol., 1991 ; 2e édition augmentée, Paris, Omnibus, 1995.

CAPRA Frank, *Hollywood Story*, Paris, éd. Stock, 1976, rééd. Ramsay Poche.

GOMERY Douglas, *L'Âge d'or des studios*, Paris, éd. Cahiers du Cinéma, 1987.

LAPREVOTTE Gilles, LUCIANI Michel et MANGIN Anne-Marie, *La Grande Menace : le cinéma américain face au mac-carthysme*, éd. Trois Cailloux, 1990.

MASSON Alain (sous la direction de), *Hollywood 1927-1941 : la propagande par les rêves ou le triomphe du modèle américain*, Paris, éd. Autrement, 1991.

NOGUEZ Dominique, *Une renaissance du cinéma : le cinéma « underground » américian*, Paris, éd. Klincksieck, 1985.

3.2. Amérique Centrale et Amérique du Sud

HENNEBELLE Guy et GUMUCIO-DAGRON Alfonso, *Les Cinémas de l'Amérique latine*, éd. Lhermier/Textimages, 1981.

PARANAGUA Paulo Antonio, *Le Cinéma brésilien*, éd. du Centre G. Pompidou, 1987.

3.4. Asie

• CHINE :

BERGERON Régis, *Le Cinéma chinois 1905-1949*, éd. L'Harmattan, 3 vol., 1984.

QUIQUEMELLE Marie-Claire et PASSEK Jean-Loup, *Le Cinéma chinois*, éd. du Centre G. Pompidou, 1985.

• INDE :

PASSEK Jean-Loup (sous la direction de), *Le Cinéma indien*, éd. du Centre G. Pompidou/L'Equerre, 1983.

VASUDEV Aruna et LENGLET Philippe (sous la direction de), *Les Cinémas indiens*, coll. « CinémAction », éd. du Cerf, 1984.

• JAPON :

BURCH Noël, *Pour un observateur lointain : forme et signification dans le cinéma japonais*, Paris, éd. Cahiers du Cinéma/Gallimard, 1982.

TESSIER Max (sous la dir. de), *Le Cinéma japonais au présent*, éd. Lherminier, 1984 ; *Littérature et Cinéma du Japon*, éd. du Centre Georges Pompidou, 1986.

TESSIER Max, *Le Cinéma japonais. Une introduction*, Paris, Nathan, coll. « 128 », 1997.

3.5. Europe

• ALLEMAGNE :

EISNER Lotte H., *L'Ecran démoniaque*, Paris, éd. Ramsay, 1981.

KRACAUER Siegfried, *De Caligari à Hitler*, Lausanne, éd. L'Age d'Homme, 1973.

PASSEK Jean-Loup (coordonné par), *1913-1933 : 20 ans de cinéma allemand*, éd. du Centre G. Pompidou, 1978.

COURTADE Francis et CADARS Pierre, *Histoire du cinéma nazi*, éd. Eric Losfeld, 1972.

DELAGE Christian, *La Vision nazie de l'histoire*, Lausanne, éd. L'Age d'Homme, 1989.

EISENSCHITZ Bernard, *Le Cinéma allemand*, Paris, Nathan, coll. « 128 », 1999.

SCHNEIDER Roland, *Histoire du cinéma allemand*, éd. du Cerf, coll. « 7e art », 1984.

• BELGIQUE :

JUNGBLUT Guy, LEBOUTTE Patrick et PAINI Dominique, *Une Encyclopédie des cinémas de Belgique*, Musée d'Art moderne de la ville de Paris, éd. Yellow Now, 1990.

• DANEMARK :

PASSEK Jean-Loup (coordonné par), *Le Cinéma danois*, éd. Centre G. Pompidou/L'Equerre, 1979.

• ESPAGNE :

LARRAZ Emmanuel, *Le Cinéma espagnol des origines à nos jours*, coll. « 7e art », Paris, éd. du Cerf, 1986.

SEGUIN Jean-Claude, *Histoire du cinéma espagnol*, Paris, Nathan, coll. « 128 », 1994.

• FRANCE :

BERTIN-MAGHIT Jean-Pierre, *Le Cinéma sous l'occupation*, Paris, éd. Olivier Orban, 1989.

COURTADE Francis, *Les Malédictions du cinéma français* (1928-1978), éd. Alain Moreau, 1978.

GUILLAUME-GRIMAUD Geneviève, *Le Cinéma du Front Populaire*, éd. L'Herminier, 1986.

JEANCOLAS Jean-Pierre, *Quinze ans d'années 30 : le cinéma des Français, 1929-1944*, éd. Stock/Cinéma, 1983 ; *Le Cinéma des Français : la cinquième république, 1958-1978*, éd. Stock/Cinéma, 1979.

JEANCOLAS Jean-Pierre, *Histoire du cinéma français*, Paris, Nathan, coll. « 128 », 1995.

PREDAL René, *50 ans de cinéma français*, Paris, Nathan Université, coll. « Réf-Poche », 1996.

• GRANDE-BRETAGNE :

LEFEVRE Raymond et LACOURBE Roland, *Trente ans de cinéma britannique* (1940-1975, avec un chapitre sur la période avant 1939), éd. Cinéma, 1976.

PILARD Philippe, *Histoire du cinéma britannique*, Paris, Nathan, coll. « 128 », 1996.

• HONGRIE :

HAUDIQUET Philippe, *Le Cinéma hongrois*, éd. du Centre G. Pompidou, 1979.

JEANCOLAS Jean-Pierre, *Le Cinéma hongrois (1963-1988)*, éditions du CNRS, 1989.

• ITALIE :

GILI Jean A., *L'Italie de Mussolini et son cinéma*, éd. Henri Veyrier, 1985.

LEPROHON Pierre, *Le Cinéma italien* (des origines à 1967), coll. « Les Introuvables », éd. Plan de la Tour, 1978.

PASSEK Jean-Loup, *Le Cinéma italien 1905-1945*, éd. du Centre G. Pompidou.

SCHIFANO Laurence, *Histoire du cinéma italien de 1945 à nos jours*, Paris, Nathan, coll. « 128 », 1995.

• POLOGNE :

HAUDIQUET Philippe, *Nouveaux cinéastes polonais*, coll. « Premier Plan », éd. Serdoc, Lyon, 1963.

• PORTUGAL :

RIBEIRO Félix, *Le Cinéma portugais*, éd. Centre G. Pompidou/L'Equerre, 1982.

• SUISSE :

BUACHE Freddy, *Le Cinéma suisse,* Lausanne, éd. L'Age d'Homme, 1978.

• TCHÉCOSLOVAQUIE :

LIEHM M. et Antonin, *Les Cinémas de l'Est,* coll. « 7e art », éd. du Cerf, 1990.

• UNION SOVIÉTIQUE :

PASSEK Jean-Loup (coordonné par), *Le Cinéma russe et soviétique 1890-1980,* éd. Centre G. Pompidou/ L'Equerre, 1982.

LEYDA Jay, *Kino : histoire du cinéma russe et soviétique,* Lausanne, éd. L'Age d'Homme, 1976.

SCHNITZER Luda et Jean, *Histoire du cinéma soviétique 1919-1940,* éd. Pygmalion, 1979.

• YOUGOSLAVIE :

PASSEK Jean-Loup (sous la direction de), *Le Cinéma yougoslave,* éd. du Centre G. Pompidou, 1986.

4. Textes ayant servi à la rédaction du présent ouvrage

Tous les livres mentionnés sont essentiels.

• D'abord des histoires particulières :

ARASSE Daniel, *La Guillotine et l'imaginaire de la Terreur,* Paris, éd. Flammarion, 1989.

BURCH Noël, *La Lucarne de l'infini : naissance du langage cinématographique,* Paris, Nathan Université, 1990.

DESLANDES Jacques et RICHARD Jacques, *Histoire comparée du cinéma,* Casterman, 2 vol., 1966 et 1968.

MASSON Alain, *L'Image et la parole,* Paris, éd. La Différence, 1989.

MILNER Max, *La Fantasmagorie : essai sur l'optique fantastique,* Paris, PUF, 1982.

NOGUEZ Dominique, *Eloge du cinéma expérimental,* éd. du Centre G. Pompidou, 1979.

PERRIAULT Jacques, *Mémoires de l'ombre et du son : une archéologie de l'audio-visuel,* Paris, éd. Flammarion, 1981.

• Puis, des essais ou des recueils d'articles :

AMENGUAL Barthélemy, *Que viva Eisenstein !,* Lausanne, éd. L'Age d'Homme, 1980.

AMENGUAL Barthélemy, *Du réalisme au cinéma,* Paris, Nathan, coll. « Réf-Poche », 1997.

AUMONT Jacques, *L'Œil interminable : cinéma et peinture*, Librairie Séguier, 1989.

BIETTE Jean-Claude, *Poétique des auteurs*, Paris, éd. de l'Etoile, 1988.

BONITZER Pascal, *Le Regard et la Voix*, Paris, coll. 10/18, 1976 ; *Le Champ aveugle*, Paris, éd. Cahiers du Cinéma/Gallimard, 1982 ; *Peinture et cinéma : décadrages*, Paris, éd. de l'Etoile, 1985.

CHION Michel, *La Voix au cinéma*, Paris, éd. de l'Etoile, 1982 ; *Le Son au cinéma*, Paris, éd. de l'Etoile, 1985 ; *La Toile trouée : la parole au cinéma*, Paris, éd. de l'Etoile, 1988.

DANEY Serge, *La Rampe*, Paris, éd. Cahiers du Cinéma/Gallimard, 1983 ; *Cinéjournal*, Paris, éd. Cahiers du Cinéma, 1986 ; *Devant la recrudescence des vols de sacs à main*, Lyon, Aléas éditeur, 1991.

ISHAGHPOUR Youssef, *D'une image à l'autre*, éd. Denoël-Gonthier, 1982 ; *Cinéma contemporain : de ce côté du miroir,* éd. de la Différence, 1986.

LANGLOIS Henri, *Trois cents ans de cinéma*, Paris, éd. Cahiers du Cinéma/Cinémathèque française, 1986.

OLLIER Claude, *Souvenirs écran*, Paris, éd. Cahiers du Cinéma/Gallimard, 1981.

VIRILIO Paul, *Logistique de la perception*, Paris, éd. de l'Etoile, 1984.

• Enfin, deux livres ouvrant, chacun à leur manière, des perspectives nouvelles sur l'histoire du cinéma, celui d'un philosophe et celui d'un cinéaste :

DELEUZE Gilles, *Cinéma 1 et 2 (L'Image-mouvement et L'Image-temps)*, Paris, éditions de Minuit, 1983 et 1985.

GODARD Jean-Luc, *Introduction à une véritable histoire du cinéma*, Paris, éd. Albatros, 1980. Dont le complément indispensable est la série *Histoire(s) du Cinéma*, réalisée en vidéo pour la télévision.

5. Revues

Il existe de bonnes revues d'histoire du cinéma : *Les Cahiers de la Cinémathèque, 1895... Positif* présente, grâce à une politique menée avec obstination depuis ses débuts (1952), un intérêt exceptionnel dans ce domaine (sans doute parce que, pour ses rédacteurs, l'histoire n'a jamais été coupée de l'observation de l'actualité).

INDEX DES NOMS PROPRES

L'auteur remercie Michel Marie de l'aide qu'il lui a apportée.

235218 – (IX) – OSB 80° – PCA – MGR
Dépôt légal : novembre 2014 – Suite du tirage : septembre 2016
Achevé d'imprimer par Dupli-Print à Domont (95) – N° d'impression : 2016090972
www.dupli-print.fr – *Imprimé en France*